Charmantes
PRAG

Summerfield Press

INHALT

PRAGER BURG UND HRADSCHIN	
Pražský Hrad a Hradčany	7
KLEINSEITE	
Malá Strana	36
ALTSTADT	
Staré Město	62
JÜDISCHES GETTO	
Židovské Ghetto	94
NEUSTADT	
Nové Město	106
WYSCHEHRAD	
Vyšehrad	123
ANDERE SEHENSWÜRDIGKEITEN	128
WICHTIGSTE INFORMATIONEN	142
GESCHICHTLICHER ABRISS	152

Copyright 2003 © Summerfield Press, Florenz
Autoren: Jaroslav Guth
         Marta Guthová
Photographien von Jaroslav Guth sowie Martin Tůma, Vladimír Uher, Jiří Macht, Gordon Hardwick, Index, JKS Studio und Kandula.

ISBN 88-901108-2-1

Alle Rechte vorbehalten. Kein Teil dieser Publikation darf reproduziert, gespeichert, oder in welcher Form auch immer, elektronisch, mechanisch, chemisch, mittels Fotokopien oder mit anderen Systemen, ohne die schriftliche Erlaubnis der Inhaber des Copyright, übertragen werden.
Es sind alle Anstrengungen unternommen worden, um die Inhaber eventueller Rechte zu informieren, sollten dabei Fehler unterlaufen sein, werden wir bei der nächsten Auflage berechtigte Urheberschaften gerne anerkennen.

Farbreproduktionen: Mani srl
Druck und Bindung: Litografica Faenza, Faenza, Italien

PRAG

... eine Stadt, die seit tausend Jahren gepriesen und bewundert wird
... eine Stadt mit vielen Namen...
  PRAG - DIE MUTTER ALLER STÄDTE
  DIE STADT DER HUNDERT TÜRME
  MAGISCHES PRAG
  GOLDENES PRAG
  DAS HERZ EUROPAS
... die Stadt der Dichter, der Künstler und der Liebespaare
... ein Wallfahrtsort und die hochverehrte Heimat der Prager
... all dies ist PRAG...

Der faszinierende Panoramablick über die Moldau, malerische Winkel und versteckte Ecken überragt von stolzen Palästen, - in jeder Jahreszeit verändern sie sich, - immer wird man etwas Neues entdecken.

Aufmerksame Besucher werden bald bemerken, wie einzigartig sich Prag in der zeitgenössischen Welt ausnimmt und wie wenig sie bisher gesehen und erfahren haben; daher verdient Prag noch einen Namen...
... PRAG - DIE STADT DER WIEDERKEHR.

In vielen Bänden wurden die Schönheit und die Sehenswürdigkeiten Prags besungen... dieses Büchlein möchte Ihnen symbolisch die Schlüssel zu seinen Toren überreichen und Sie zu weiteren Besuchen einladen.

Prag ist, vom Ende des 9. bis zum Ende des 20. Jahrhunderts, eine einzigartige Mischung geschichtlicher Epochen. Alles ist ungewöhnlich gut erhalten und wird wie eine Theaterszenerie von der Naturkulisse der Moldau umschlossen. Die Geschichte hat die Stadt mit Poesie und Geheimnissen erfüllt, gleichzeitig bewahrte sie sich aber auch ihre menschliche Dimension. Prags intimer Charakter, seine faszinierenden Winkel und architektonischen Details regen dazu an, es mit mehr Zeit zu Fuß zu durchqueren.

Besucher mit wenig Zeit sollten den auf dem Plan besonders markierten Rundgang wählen. Am besten beginnt man von dem Strahov-Hügel und dem Strahov-Kloster (Strahovský klášter) aus; über Loreto (Loreta) kommt man zu der Prager Burg (Pražský Hrad) und dem berühmten Ausblick über die Stadt und die Kleinseite (Malá Strana). Dann überquert man die Karlsbrücke (Karlův most) und erreicht die Altstadt (Staré Město) mit dem Altstädter Ring (Staroměstské náměstí) und das ehemalige Getto, dessen Besichtigung man nicht versäumen sollte.

Die Besucher werden auch andere beliebte Rundgänge auf dem Plan finden. U-Bahn-Haltestellen und die wichtigsten Sehenswürdigkeiten sind hervorgehoben, um die Orientierung zu erleichtern.

Der Text ist nach Schwerpunkten geordnet: die geschichtlich bedeutenden Stadtviertel Hradschin (Hradčany) und die Prager Burg, die Kleinseite, die Altstadt, das Getto, die Neustadt (Nové město) und Wyschehrad (Vyšehrad), außerdem Sehenswürdigkeiten außerhalb der Stadtmitte. Informationen über kulturelle Ereignisse, Ausstellungen, Unterbringung und Gastronomie sind am Ende aufgelistet, zusammen mit einem geschichtlichen Abriss über Tschechien und Prag.

S. 5: Die mächtige Kirchturmspitze des St. Veit-Domes ist das Wahrzeichen der Prager Burg und der gesamten Stadt. Dies ist der Brennpunkt der Prager Geschichte, hier lag die erste Ansiedlung des 9. Jh., hier stand die romanische Basilika des 11. Jh., deren gotischer Teil von Peter Parler (Petr Parléř) entworfen wurde (1356), die Renaissance-Galerie schuf Bonifaz Wohlmut (1560-1562) und die barocke Kuppel Niccolò Pacassi (1770); das große Glasfenster aus der Zeit der Vollendung der Kathedrale gestaltete Kamil Hilbert (1908) und das farbige Glasfenster mit dem Jüngsten Gericht Max Švabinský (1937-1939).

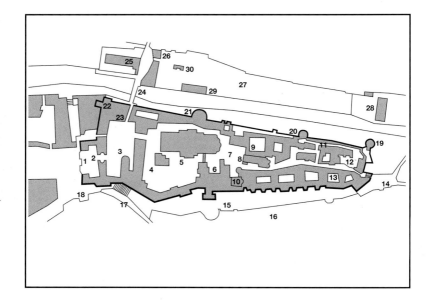

PRAGER BURG

1. Erster Burghof
2. Matthias-Tor
3. Zweiter Burghof
4. Dritter Burghof
5. St. Veits-Dom
6. Königspalast
7. St. Georgs-Platz
8. St. Georgs-Basilika
9. St. Georgs-Kloster - Nationalgalerie
10. Aller Heiligen-Kirche
11. Goldenes Gässchen
12. Alter Burggraben - Spielzeugmuseum
13. Historische Abteilung des Nationalmuseums
14. Schwarzer Turm, Bastion, Alte Burgtreppen
15. Na valech-Garten
16. Malá Strana-Gärten unter der Burg
17. Neue Burgtreppen
18. Burgwall - Aussichtsterrasse
19. Daliborka-Turm
20. Weißer Turm
21. Pulverturm – Mihulka
22. Spanischer Saal
23. Burggalerie
24. Pulverbrücke
25. Reitschule
26. Löwenhof
27. Königliche Gärten
28. Belvedere und Singende Fontäne
29. Ballspielhaus
30. Präsidenten-Palais

DIE PRAGER BURG UND DER HRADSCHIN
Pražský Hrad a Hradčany

Unser Rundgang beginnt an Prags bedeutendstem Ort, der Prager Burg, Zeuge der Geschichte Tschechiens und der tschechischen Nation - hier residierten für mehr als tausend Jahre die Fürsten und Könige, heute ist sie der Amtssitz des Präsidenten. Die weit ausgedehnte Burg erhebt sich an derselben Stelle, wo es schon im 9. Jh. eine slawonische Siedlung gab, welche die Premysliden-Fürsten als ihre Residenz und als Schutzfestung für den Handelsplatz und seine Zuwegung an den Ufern der Moldau gründeten. Im Lauf der Jahrhunderte veränderte sich die Burg stark, heute findet man einen gotischen Palast und eine gotische Kathedrale über romanischen Fundamenten aus dem 11. und 12. Jh.; die Jagellonen-Dynastie errichtete spätgotische Bauwerke; Renaissance-Paläste und -Gärten schufen Ferdinand I. und Rudolf II.; die Kaiserin Maria Theresia führte barocke Restaurierungen durch und im 20. Jh. kam es zu Umbauten. Der Haupteingang führt in den ersten Burghof vor dem Neuen Palais und stammt aus dem 18. Jh. Hier findet das Zeremoniell des Präsi-

Der erste Burghof mit dem Neuen Palast (Architekt Niccolò Pacassi, 1762-1768) bildet den überwältigenden Eingang in die Prager Burg.

DIE PRAGER BURG UND DER HRADSCHIN

Das Matthias-Tor wurde über dem ersten Schloßgraben erbaut und im 18. Jh. in die Mauern des Neuen Palastes eingefügt.

denten mit Wachablösung statt. Der ursprüngliche Eingang, das Matthias-Tor (1614) war ein freistehender Bogen, mit Zugang in den ersten Schlosshof (První nádvoří). Er gehörte zu den Befestigungen über dem ersten Burgwall, ist aber heute in die Mauern des Palastes eingefügt. Die Eingänge in den Spanischen Saal (Španělský sál) und die Galerie Rudolfs (Rudolfova galerie), wo der Präsident seine staatlichen Zeremonien abhält, befinden sich jenseits des Tores und innerhalb des Palastes.

Das Hauptschiff des St. Veit-Domes in der Burg enthält Gräber von Karl IV., Wenzel IV., Georg von Podiebrad, Rudolf II. und anderen Königen und Königinnen.

Die Gebäude im zweiten Burghof wurden zwischen dem 16. und 18. Jh. über dem zweiten Burgwall errichtet, heute enthalten sie Ausstellungssäle und die Burggalerie (Obrazárna Pražského hradu). Der barocke Kohl-Brunnen (1686) und die Heilig-Kreuz-Kapelle - ein Schatz von Reliquienschreinen des hl. Vitus - befinden sich inmitten des Burghofes. Der Durchgang zum dritten Burghof öffnet den Blick auf die monumentale Fassade des St. Veits-Domes (Katedrála sv. Víta) und seinen Haupteingang. Der Veitsdom ist nicht irgendeine Kathedrale, sondern ein Kunstschatz mit dem Rang eines nationalen Denkmals. Karl IV. ließ das Gotteshaus in französischer Gotik errichten, über einem Vorgängerbau des 11. Jh., - der erste Architekt war ein Franzose, Mathieu d'Arras (bis 1352). Nach seinem Tod wurden die gotischen Teile des Glockenturms und der Chor von Peter Parler vollendet (1330-1399). Das kaiserliche Mausoleum liegt in der Mitte des östlichen Teils, unterhalb von ihm befindet sich die

S. 11: Den Dom schmücken auch Werke von Künstlern des 20. Jh., wie das farbige Glasfenster von Alfons Mucha.

Die prächtige Krone der böhmischen Könige wurde 1346-1347 auf Anordnung von Karl IV. geschaffen.

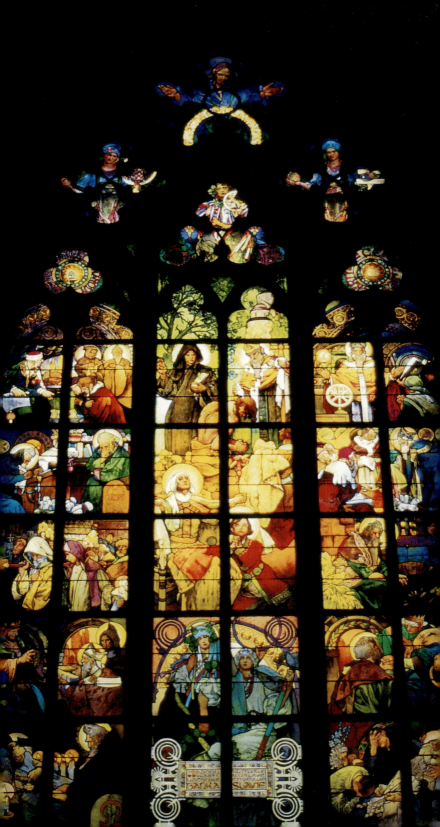

DIE PRAGER BURG UND DER HRADSCHIN

Eine großartige Ansicht der Karlsbrücke, mit der sich in der Ferne abzeichnenden Burg.

DIE PRAGER BURG UND DER HRADSCHIN

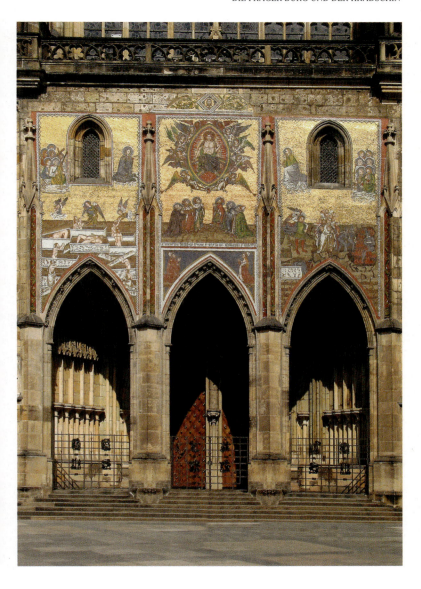

Die Goldene Pforte des St. Veits-Domes hat eine exquisite gotische Form und ist mit dem Glasmosaik des Jüngsten Gerichts verziert (1370-1371), das venezianische Meister schufen.

Der alte Königspalast erhebt sich auf romanischen Fundamenten. Die Nordwand vom Ende des 13. Jh. setzt sich aus Arkaden und Fialen vom Ende des 15. Jh. und den Fenstern des Wladislaw-Saales zusammen.

S. 15: Der größte Saal des mittelalterlichen Prag war der 62 m lange Wladislaw-Saal (Vladislavský sál, 1486-1502, Architekt Benedikt Ried).

Königliche Krypta mit den sterblichen Resten von Karl IV., Wenzel IV. (Václav IV.), Georg von Podiebrad (Jiří z Poděbrad), Rudolf II. und Ferdinand I. Parler dekorierte das Triforium mit Büsten bedeutender Persönlichkeiten des 14. und 15. Jh., einschließlich Karls IV. und der Baumeister der Kathedrale. Der Chorumgang enthält Gräber der böhmischen Fürsten und das silberne Grabmal des hl. Johannes von Nepomuk, außerdem Schnitzereien und Fresken.

Das spätgotische Oratorium stammt aus der Regierungszeit des Jagellonen Wladislaw II.

Die wundervolle St. Wenzels-Kapelle von 1362-1364 ist der ganze Stolz der Kathedrale. Die Statue des Heiligen entstand zur Zeit von Karl IV. und die Wände schmücken goldgefasste Halbedelsteine aus Böhmen, gotische Fresken des 14. Jh. und Wandgemälde der Renaissance mit dem Leben des hl. Wenzel. In dieser Kapelle gibt es

auch eine verborgene Pforte, die zu einer Schatzkammer von enormem küstlerischen und historischen Wert führt, ein Tresorraum mit den böhmischen Kronjuwelen.

Nach dem Tod von Wenzel IV. (1419) ruhte der Dombau 450 Jahre lang. Erst 1865-1929 wurde der Dom nach den Vorstellungen von Karl IV. vollendet und mit Werken großer tschechischer Künstler des 20. Jh. ausgeschmückt (siehe das Glasfenster von Alfons Mucha).

Das Äußere sieht man am besten rechterhand vom dritten Burghof aus. Der gewaltige Turm spiegelt die Baugeschichte der Prager Burg, denn er steht auf einer Ansiedlung des 9. Jh., enthält einen gotischen Teil Peter Parlers, eine Renaissance-Galerie von Bonifaz Wohlmut (1560-1562), ein vergoldetes Renaissancegitter aus der Zeit von Rudolf II., einen barocken Turmhelm mit Zwiebeltürmen von Niccolò Pacassi (1770) und das größte farbige Glasfenster der Kathedrale aus der ersten Hälfte des 20. Jh.

S. 17: Die romanische St. Georgs-Basilika (10. Jh.) ist die älteste Kirche, die sich in Prag erhalten hat. Am Gewölbe ein Gemälde mit dem "Himmlischen Jerusalem" vom 13. Jh.

Links das ehemalige Benediktinerkloster St. Georg von 973, rechts die romanische Basilika St. Georg (920-1145). Das Kloster enthält die Nationalgalerie für manieristische und barocke Kunst.

Das Goldene Gässchen mit seinen malerischen Häusern, die angeblich mit den Alchemisten Rudolfs II. zu tun haben, lockt viele Besucher an.

Ein einzigartiges Werk der europäischen Gotik ist die Goldene Pforte mit einem Glasmosaik des Jüngsten Gerichts (1371). Es wurde von venezianischen Mosaikmeistern geschaffen und inspirierte sich an einer böhmischen Glasmalerei. Rechts vom Glockenturm befindet sich der gotische Chor, dessen Strebewerk mit Zinnen und Wasserspeiern man am besten von der Galerie aus sieht. Der Blick von der Galerie bietet mit die schönsten Ausblicke über Prag und während man zur Galerie emporsteigt, kommt man an der größten Glocke in Tschechien vorbei, die sich Zikmund nennt (1549).
Im dritten Burghof findet man eine Bronzestatue mit dem hl. Georg und dem Drachen (1373) und einen granitenen Monolithen des Architekten Josip Plečnik (1928). An der Ostseite des Hofes steht der Alte Könispalast (Královsky palác), welcher 1135 gegründet und im

Von einem Aussichtspunkt am unteren Ende der Burg unterhalb des Schwarzen Turms schaut man über die Paläste und Gärten der Kleinseite.

Ein Dach wie ein umgedrehter Schiffsbug, luftige Arkaden und eine wundervolle Lage im Königlichen Garten zeichnen das Belvedere aus, der feinste Renaissance-Bau außerhalb Italiens.

Verlauf von vier Jahrhunderten ausgebaut wurde. Die romanischen und gotischen Grundmauern liegen heute unter dem Hofniveau, darüber die gotischen Räume, zu denen die größte mittelalterliche Halle Prags zählt, der Wladislaw-Saal (Vladislavský sál, 1486-1502). Über Rampen ritten die Reiter für ihre Turnire direkt in den Saal. Die St. Georgs-Basilika (Basilika sv. Jiří, 920-1145), das bedeutendste und am besten erhaltene Bauwerk des 10. Jh. auf tschechischem Boden, liegt auf einem kleinen Platz hinter der Kathedrale. Das erste Benediktinerkloster wurde hier gegründet, um die Töchter von Königen und Aristokraten zu erziehen. Heute enthält das Kloster die Kunstsammlungen der Nationalgalerie aus Manierismus und Barock. Wenige Schritte jenseits der Kirche des hl. Georg liegt einer der am meisten besichtigten Orte von Prag, das Goldene Gässchen. Eine Legende berichtet, dass die schmale Gasse mit ihren malerischen Häuschen von den Alchemisten Rudolfs II. bewohnt war, die versuchten das Lebenselixier zu brauen und niedrige Materialien in Gold zu ver-

DIE PRAGER BURG UND DER HRADSCHIN

Wundervolle Aussichten auf die umgebenden Gärten und die romantische Silhouette der Burg und des St. Veits-Domes geben dem Belvedere seinen Namen.

Das Ballspielhaus (1567-1569) im Königlichen Garten rühmt sich eines originalen Renaissance-Sgraffito Allegorie der Nacht (1734) von Matthias und Antonín Braun.

wandeln,- daher der Name "Goldenes Gässchen". In Wahrheit bauten die Bogenschützen der Burg unter der Regentschaft von Rudolf II. diese Häuser längs der Burgmauern. Nachdem die Truppe aufgelöst worden war, zogen hier arme Leute und romantische Künstler ein. Vorübergehend lebte Franz Kafka in dem Haus Nr. 22. Heute sind die meisten Häuser zugänglich und die Besucher können außerdem einen Rundgang durch die Befestigungsanlagen unternehmen und Wehrgänge und Wehrtürme besichtigen.

Wenn man an dem alten Burggraben entlanggeht, kommt man zum anderen Ende der Burg und zu einer Artilleriebastion (Dělostřelecká bašta), mit einem wundervollen Blick über Prag und die Gärten der Kleinseite (Malá Strana). Man kann den Rundgang fortsetzen, indem

Der Blick vom ersten Burghof auf das Eingangstor des Palastes mit Gigantenfiguren im Vordergrund und dem Erzbischöflichen Palast (16.-18. Jh.) im Hintergrund.

DIE PRAGER BURG UND DER HRADSCHIN

Das Martinic-Palais am Hradschiner Platz ist ein wohlerhaltener Renaissance-Palast, die Fassade und die Innenhofwände tragen Sgraffiti mit Motiven des Alten Testaments.

S. 25: Die zarte Schönheit des Loreto beschützen Cherubim-Figuren. Ein schlichtes Kapuziner-Kloster mit Marienkirche (1600-1602) umgibt das eigentliche Heiligtum.

Das prächtige Schwarzenberg-Palais aus der Renaissance.

man ins Innere der Burg zurückkehrt oder, bei gutem Wetter, durch die südlichen Gartenanlagen gehen, von denen aus man die Kleinseite sieht und die Gebäudeteile am Südende der Burg.
Den zweiten Burghof kann man durch das Nordtor verlassen, wobei man den Hirschgraben (Jelení příkop) überquert und die barocke Reitschule (Jízdárna, 1693) erreicht, heute ein Ausstellungsgebäude. Prags erster Zoo, von Rudolf II. gegründet, befand sich auf der anderen Straßenseite gegenüber der Reitschule, er nannte sich Löwen-

hof und der Kaiser ließ hier seine Löwen, Tiger, Straußen, Bären und Orang Utans züchten.

Durch ein schmiedeeisernes Tor betritt man die Königlichen Gärten (Královské zahrady), die Ferdinand I. 1534 als italienische Renaissancegärten anlegen ließ. Zu Ehren seiner Frau, der Königin Anna baute er ein großartiges königliches Lustschloss (Královský letohrádek oder Leto hrádek královny Anny), das heute als als das schönste italienische Renaissancegebäude außerhalb Italiens gilt. Das grüne Kupferdach ist von weitem sichtbar und ähnelt einem umgebrehten Schiffsrumpf. Das glänzende Zusammenwirken der Gartenachitektur und des Renaissancebaus mit seinen schwerelosen Arkaden versetzen die Betrachter in eine andere Epoche. Der Ausblick von den Galerien und Emporen in die Gärten und über die Silhouette der Burg erklärt, warum sich das Lustschloss Belvedere nennt.

Der Prager Loreto enthält eine Nachbildung der italienischen Santa Casa (1626-1631). Der Glockenturm und die barocke Fassade von Kilian Ignaz Dientzenhofer kamen später hinzu (1720-1722).

DIE PRAGER BURG UND DER HRADSCHIN

Diese Diamantenmonstranz ist das wertvollste Kunstwerk im Loretoheiligtum. Es wurde nach einem Entwurf des J.B. Fischer von Erlach durch Wiener Goldschmiede ausgeführt (1698, vergoldetes Silber, 6.200 Diamanten).

Die Masken an den Säulenkapitellen des Černín-Palais drücken Aspekte der barocken Mentalität aus. Jede Maske hat eine andere Form und es lohnt sich, sie sich genauer anzusehen

Das Černín-Palais (Černínský palác) ist ein monumentales Bauwerk in tschechischem Barock (Architekt Francesco Carrati, 1669-1997), den Portikus gestaltete Anselmo Lurago, 1747.

Die monumentale Fassade des Černín-Palais wird von Säulen unterteilt; ihr ist ein Portikus mit Balkon vorgelagert; den unteren Teil der Fassade verziert ein diamantförmiges Bossenwerk.

Den schönsten Brunnen der Burganlage kennt man als Singende Fontäne (Zpívající fontána), er erhebt sich vor dem Lustschloss inmitten des Französischen Gartens. Der böhmische Künstler Tomáš Jaroš goss ihn 1554 in Bronze. Während man durch die Gärten geht, eröffnen sich neue Blicke auf die Prager Burg und die nördlichen Befestigungsanlagen über dem Hirschgraben. Das Ballspielhaus (Míčovna, 1569) und andere kleinere Gebäude wurden für die Lustbarkeiten des Hofes im Garten errichtet. Nach 1730 verwandelte man einen großen Teil der Gärten in einen französischen Barockgarten, so wie man ihn noch heute vorfindet. Auf dem Rückweg durch die Burg landet man schließlich im Hradschin (Hradčany) - ursprünglich eine unabhängige königliche Stadt, die 1320 gegründet wurde. Der Hradschiner Platz (Hradčanshé námestí) ist von Palästen des Klerus und der mit dem Hof verbundenen Aristokratie umgeben. Der Renaissance-Palast des Erzbischofs, der sich an die Burg an-

S. 31: Eine winterliche Szenerie mit Nový Svět und dem St. Veits-Dom.

Nur wenige Schritte von Černín-Palais und Loreto eröffnet sich in der stillen Atmosphäre von kleinen Häusern eine "Neue Welt" (Nový Svět).

Das Haupttor des Strahov-Klosters (Strahovský klášter) mit der Statue des hl. Norbert, dem Gründer des Prämonstratenser-Ordens (J.A. Quitainer, 1742).

S. 33: Der Philosophie-Saal in der Strahov-Bibliothek (1782-1784) rühmt sich eines beeindruckenden Deckenfreskos und seltener alter Drucke.

schließt, wurde im 17. Jh. im barocken Stil erneuert. Das Sternberg-Palais (Šternberský palác) verbirgt sich hinter dem Palast, es beherbergt im Rahmen der Nationalgalerie eine einzigartige Ikonensammlung und alte europäische Kunst. Das Schwarzenberg-Palais mit seiner wohlerhaltenen Renaissance-Fassade und Sgraffiti-Dekorationen steht auf der anderen Platzseite. In der Platzmitte erhebt sich eine der Jungfrau Maria gewidmete Säule, zusammen mit einem einzigartigen Laternenpfahl, Monument zu Ehren von Prags öffentlicher Gasbeleuchtung. Das geräumige barocke Toskánský-Palais, zusammen mit dem wohlerhaltenen Martinic-Palais (Martinický palác) aus der Renaissance mit Sgraffiti von Albrecht Dürer schließt den Platz auf der der Burg gegenüberliegenden Seite ab. Der Hradschin erstreckt sich rings um das Rathaus (Hradčanská radnice) und die eindrucksvollen Bürgerhäuser bis zum Loreto (Loreta). Der Prager Loreto wurde 1626-1631 im Stil eines italienischen Loretos erbaut (das lauretanische Haus). Der eigentliche Bau der Santa Casa (Heiliges Haus) liegt im klosterartigen Innenhof, umgeben vom Kreuzgang und der Geburt-Christi-Kirche (Kostel Narození Páně). Das Haupt-

gebäude entwarf Kilian Ignaz Dientzenhofer (1722). In die Fassade ist ein berühmter Glockenturm eingefügt und vor der Fassade befindet sich ein terrassierter Vorplatz mit Engelsstatuen. Im Inneren des Loreto kann man den Loreto-Schatz bewundern.

Das monumentale und barocke Černín-Palais (Černínský palác) bildet einen starken Gegensatz zu dem zarten Loreto, der mit seiner schlichten Franziskanerkirche und dem dazugehörigen Kloster das Ziel von Pilgerfahrten ist und die einzigartige Atmosphäre des Loretánské-Platzes (Loretánské náměstí) ausmacht.

Eine völlig andere Neue Welt (Nový svět) verbirgt sich nur wenige Schritte von hier. Die Besucher können endlich eine ungestörte, friedliche Wanderung durch die malerischen Straßen von Nový svět unternehmen, dessen Renaissance-Häuser einst den Armen vorbehalten waren. Gerade um die Ecke pulst das chaotische Leben des Hradschin, welcher am Pohořelec (Brandplatz), einem kleinen Platz mit Bürger- und Adelshäusern aus Renaisscance, Barock und Rokoko endet. Das Strahov-Kloster (Strahovský klášter) kann man von hier aus betreten oder es ist möglich, weiter der barocken Befestifungsmauer zu folgen und an den Gärten der Aristokratie entlang bis zum Petřín-Hügel zu gehen.

Von wo aus man das Strahov-Kloster auch betritt, seine Gebäudestruktur ist großartig. Das Prämonstratenser-Kloster wurde 1140 von Fürst Wladislaw II. gegründet und war zu seiner Zeit Prags größtes romanisches Bauwerk, seine Ausmaße übertrafen sogar die Residenz des Fürsten in der Burg. Während der Hussitenkriege wurde es fast völlig zerstört, dann aber wiedererrichtet. Heute gehören zu ihm nicht nur die Klosterbauten mit dem Kreuzgang, sondern auch die Kirche Mariä Himmelfahrt mit einer Kapelle und den sterblichen Resten des hl. Norbert, die einzigartige kleine St. Rochus-Kirche und die wundervolle Strahov-Bibliothek mit mittelalterlichen Drucken und den prächtigen Theologie- und Philosophie-Sälen.

Wenn Sie überprüfen wollen, ob Prag tatsächlich die Stadt der hundert Türme ist, so legen sie auf der Terrasse im Klostergarten eine Pause ein,- es lohnt sich, denn von hier aus genießen Sie einen wundervollen Blick über die Burg, die Kleinseite und ganz Prag.

Den Innenhof des Strahov-Klosters beherrscht die Mariä-Himmelfahrt-Kirche der Prämonstratenser, die über einer romanischen Basilika gebaut und in Rernaissance und Barock umgebaut wurde.

Der Saal der Theologie in der Strahov-Bibliothek (1671-1679) hat eine mit Stuck verzierte Decke und Fresken mit religiösen Allegorien.

DIE KLEINSEITE
Malá Strana

Das Prager Viertel Kleinseite wurde 1257 von Fürst Premysl Ottokar II. (Přemysl Otakar II.) anstelle von verschiedenen Dörfern und Handelsniederlassungen gegründet, die es unter dem Schutz der Burg seit dem 10. Jh. gegeben hatte. Während der Herrschaft von Karl IV. wurde die Kleinseite erweitert und nach den Feuersbrünsten des 15. und 16. Jh. neu aufgebaut. Die ortsansässigen Bürger hingen zunächst völlig von der Burg ab, später von der Kirche und der Aristokratie, die große Paläste und Gärten anlegte.

Wieder beginnen wir den Rundgang an der Burg, genauer gesagt am Schutzwall, von dem man einen wundervollen Blick über die Dächer der Kleinseite genießt. Dann geht man hinunter zur Nerudova Straße, dabei benutzt man eine Straße, die als einer der Hauptverbindungswege mit der Burg diente und zum Krönungsweg gehört. Die

DIE KLEINSEITE

S. 36: Ein schöner Blick von der Befestigungsmauer der Prager Burg auf das Strahov-Kloster, den Petřín-Hügel, die St. Niklas-Kirche und die Dächer der Kleinseite - all das gehört zur magischen Athmosphäre Prags

Der Krönungsweg führt von den Burgmauern die Nerudova entlang, die Straße mit der größten künstlerischen Bedeutung in der Kleinseite.

DIE KLEINSEITE

S. 39: Die Nerudova-Straße überwindet unterhalb des Schlosses einen steilen Hügel. Trotz einer Vielfalt an Baustilen hat sie eine einheitliche Wirkung; unterhalb erhebt sich die Kuppel der St. Niklas-Kirche.

Ein Hausemblem in der Nerudova-Straße, das auf den Besitzer und seinen Beruf hinweist: Zum goldenen Kelch (U zlaté číše) bedeutet, dass das Haus einem Goldschmied gehörte, sein Name war Schumann (um 1660).

Zu den zwei Sonnen (U dvou slunců) gehörte drei berühmten Goldschmieden.

DIE KLEINSEITE

DIE KLEINSEITE

Nerudova Straße überwindet unterhalb der Burg eine starke Steigung und ist in archtektonischer Hinsicht ein Juwel unter den Straßen der Kleinseite, mit ihren barocken Palästen und Häusern, die auf engen Grundstücken aus Gotik und Renaissance gebaut wurden. Viele von ihnen haben historische Embleme, die für Besitzer und Mieter über Jahrhunderte als Erkennungsmerkmale dienten.

Das Thun-Hohenstein-Palais mit seinen massigen Adlern, die der

S. 40: Die Winkel unterhalb von Nerudova-Straße und Jánský vršek bewahren die Atmosphäre der alten Stadt.

Das Thun-Hohenstein-Palais an der Neruda-Straße. Den Zugang zur italienischen Botschaft bewachen zwei wundervolle Adler von Matthias Braun.

Die Rückseite des Thun-Hohenstein-Palais liegt zu den Neuen Burgtreppen und zeigt noch seinen Renaissance-Charakter. Hier lebte und wirkte Alfons Mucha.

DIE KLEINSEITE

S. 43: Die Pestsäule der hl. Dreifaltigkeit (G.B. Alliprandi, 1715) steht am oberen Ende vom Kleinseitner Ring (Malostranské náměstí).

Die St. Niklas-Kirche ist die schönste und wertvollste Barockkirche in Prag. Das phaszinierende Grün der Kuppel- und Turmbekrönungen sieht man von fast überall.

DIE KLEINSEITE

Bildhauer Matthias Braun schuf, ist Prags bekanntester Barockpalast, heute beherbergt er die italienische Botschaft. Die Rückseite des Palais' in seiner originalen Renaissancegestalt liegt gegenüber der Burg und den Neuen Burgtreppen (Nové zámecké schody). Die Nerudova-Straße hinabgehend, kann man sich auch nach rechts wenden und die malerischen Winkel unterhalb von Jánský vršek erreichen, wo es kaum Touristenbetrieb gibt.

DIE KLEINSEITE

St. Niklas ist die bedeutendste Barockkirche nördlich der Alpen. Die Fassade und das Kirchenschiff schuf Christoph Dientzenhofer, die Kuppel und Bedachung K.I. Dientzenhofer, den Glockenturm Anselmo Lurago.

Die Nerudova-Straße führt in das Zentrum der Kleinseite zum Kleinseitner Ring (Malostranké náměstí). Auf dem oberen Teil des Platzes stehen die barocke Pestsäule und die St. Nikolaus-Kirche; der untere Teil mit Laubengang hat immer noch die Form eines alten Marktplatzes, außerdem befindet sich hier das ehemalige Rathaus

(Malostranská randice), das sich heute Malostranská beseda nennt und im Stil der Spätrenaissance erbaut wurde. Achten Sie auf das Kaiserstein-Palais (Hausnummer 23), hier wohnte die berühmte Sängerin Emma Destinová. Die St. Niklas-Kirche ist das eindrucksvollste Werk des tschechischen Barocks und zählt zu den schönsten Barockbauten nördlich der Alpen. Drei bedeutende Architekten, Christoph Dientzenhofer, Kilian Ignaz Dientzenhofer und Anselmo Lurago zeigten hier ihre Künste. Die Kirche rühmt sich nicht nur ihrer prächtigen Innenausstattung mit reichem Skulpturenschmuck, sondern enthält auch eine Orgel, auf der einst Mozart spielte. Das großartige Äußere zeichnet sich durch eine Kuppel und einen Glockenturm mit grüner Bedachung aus. Die exponierte Lage in der Kleinseite bewirkt, dass man die Kirche von vielen Straßen, Plätzen und Gärten aus sieht, aber auch von der Burg, von der Karlsbrücke und vom Moldauufer. Wenn man von der Kirche aus in Richtung Tržiště-Straße geht, kommt man durch eine Passage, die zum Schönborn-Palais führt, mit seinem ausgedehnten Garten auf Terrassen und in der Vlašská-Straße findet man die beiden Lobkowitz-Paläste in üppigem Barockstil mit einem großzügigen Garten. Leider

Die Kuppel der St. Niklas-Kirche hat einen Durchmesser von 20 m, ist 60 m hoch und mit Trompe-l'œil-Fresken des Hochbarock verziert.

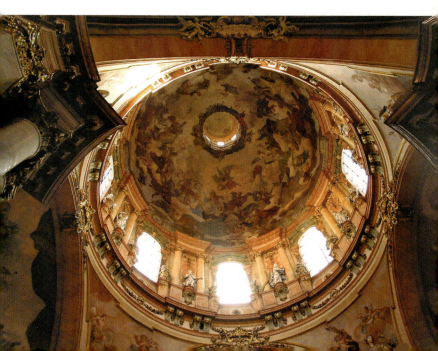

DIE KLEINSEITE

Am Kleinseitner Ring stehen alte Paläste auf mittelalterlichen Fundamenten. Diese Aufnahme zeigt das Sternberg- und Smiřický-Palais, in denen sich heute das tschechische Parlament versammelt.

S. 47: Der Vrtbovská-Garten (1725) ist in Prag der schönste seiner Art. Er befindet sich auf einem engen dreieckigen Platz und ist mit Statuen und Vasen von Matthias Braun bestückt.

Das Wunder bewirkende Prager Jesulein (spanische Wachsfigur, 16. Jh.) in der Kirche der Siegreichen Jungfrau, Karmelitská-Straße. Solche Statuen sind in Spanien und Südamerika sehr beliebt.

kann man keinen der beiden Paläste besichtigen, da sie in Botschaftsgebäude verwandelt wurden. Das Vlašská-Hospital mit seiner barocken Kapelle stand seit dem 16. Jh. den italienischen Immigranten zur Verfügung, es liegt am oberen Ende der Straße und dient heute als Kulturzentrum der italienischen Botschaft.
Die Karmelitská-Straße führt vom Kleinseitner Ring in Richtung Süden und zum Eingang eines der schönsten Gärten Prags, des Vrtbovská-Garten (Vrtbovská zahrada), der die Besucher mit seiner intimen Atmosphäre, mit seinen Terrassen und den barocken Statuen von Matthias Braun entzückt und natürlich auch mit dem Blick auf die Burg und die St. Niklas-Kirche. Nicht weit von hier liegt eine weitere Prager Attraktion, die Kirche der Siegreichen Jungfrau Maria (Kostel Panny Marie Vítězné), sie enthält die Wachsfigur des

Die Insel Kampa unterhalb der Karlsbrücke wurde im 15. Jh. mit Bürgerhäusern bebaut.

S. 49: Kampa ist eine künstliche Insel, die im 12. Jh. mittels des Čertovka-Baches geschaffen wurde. Zwei Mühlräder sorgen für eine ländliche Atmosphäre.

Prager Jesulein (16. Jh.), das vor allem in Spanien und Südamerika verehrt wird.
Wenn Sie nach einem friedlichen Ort entfernt von touristischen Umtrieben suchen, dann begeben Sie sich am besten zur Insel Kampa. Diese Insel entstand im 12. Jh., als man die Čertovka aushub, ein künstlicher Moldau-Arm, der als Mühlenbach diente. Noch heute verleihen zwei Mühlräder diesem Ort seinen Zauber und den unteren Teil der Čertovka nennt man das Prager Venedig. Die grüne Insel Kampa mit ihrem Blick auf die Karlsbrücke, die Moldau und das Nationaltheater (Národní divadlo) ist unter Pragern ein beliebter Ort für den Müßiggang.
Ein weiterer Rundgang führt durch die schmalen Sträßchen rings um die Malteser-Kirche, welche 1169 gebaut wurde - sowie zur St. Josephs- und zur St. Thomas-Kirche. Letztere war ursprünglich eine gotische Basilika, die K.I. Dientzenhofer in barockem Stil erneuerte. An den nah gelegenen Straßen unterhalb der Burg reihen sich histo-

DIE KLEINSEITE

DIE KLEINSEITE

Die Türme von St. Maria unter der Kette (auch U Maltézů genannt), Ende des 14. Jh., sind Teil der unvollendeten gotischen Erneuerung der Kirche.

S. 51: In der St. Thomas-Kirche sind eine schöne Orgel und Deckenfresken zu bewundern. Über dem Hauptaltar sieht man zwei Kopien von Gemälden Rubens' (Originale im Sternberg-Palais).

Die St. Thomas-Kirche, einst gotisch, wurde im Barock erneuert. Der Turm stammt aus dem 14. Jh., die Fassade aus dem Barock.

rische Paläste aneinander, in mehreren von ihnen ist das Parlament der tschechischen Republik untergebracht. Die Bürgerhäuser in diesem Teil der Stadt sind oftmals alte Renaissancebauten mit neueren Fassaden. Das wertvollste Haus des Prager Barock liegt in der Tomášská-Straße Nr. 26, seine Fassade ziert ein Hirsch mit der Vision des hl. Hubertus.

DIE KLEINSEITE

Ein gewaltiger Besitz, der Emigranten gehört hatte, fiel in die Hände des Albrecht von Wallenstein (Albrecht z Valdštejna), einem Favoriten Kaiser Ferdinands II., der nach der Schlacht am Weißen Berge (Bílá Hora) in kurzer Zeit den größten Palast der Kleinseite, das Wallenstein-Palais (1624-1630) bauen konnte. Die monumentale *Sala Terrena*, welche sich auf den Barockgarten mit Statuen von Adriaen de Vries öffnet, hat europäischen Rang. Im Garten gibt es eine Voliere, ein Wasserbecken, einen Brunnen und eine Reitschule, die

DIE KLEINSEITE

S. 52: Die Saská-Straße der Kleinseite bei Karlsbrücke und Kampa lädt die Besucher zu einem Bummel durch das alte Prag ein.

Zum Goldenen Hirschen (U zlatého jelena) in der Tomášská-Straße ist das bedeutendste private Barockhaus; es wurde von K.I. Dientzenhofer gebaut. Das Hausemblem zeigt die Hubertuslegende.

Nächtliche Straßen unter der Prager Burg.

DIE KLEINSEITE

jetzt als Kunstgalerie dient. Die Räume und das Mobiliar des Palais' gehören inzwischen dem Senat der Tschechischen Republik, der vollständig renovierte Garten steht dem Publikum zur Verfügung.
Auch andere Paläste der Aristokratie (aus dem 16. Jh.) öffnen sich in der Kleinseite auf italienische Renaissancegärten,- die Gärten an den Hügeln unterhalb der Prager Burg haben eine einmalige Atmosphäre. Dort gibt es Terrassen, *Sale Terrene*, malerische Gartenhäuser, barocke Statuen und Ausblicke auf die Türme und Dächer der Kleinseite; sie machen den ganz besonderen Charme der Gärten Ledebour, Fürstenberg und Kolowrat aus.
Wenn man aus diesen beschaulichen Orten wieder auf den lebhaften Kleinseitner Ring zurückkehrt, kommt man über die Mostecká-Straße zur Karlsbrücke (Karlův most). Die Straße säumen hochragende Paläste und Gebäude, das Kaunic-Palais, der Sachsenhof (Saský dvůr) und der Bischofshof (Biskupský dvůr), Seite an Seite mit Bürgerhäusern auf schmalen gotischen Grundstücken. Am Ende der

Für den Bau seines prächtigen Wallenstein-Palais' ließ Albrecht von Wallenstein 23 Häuser abreißen und zahlreiche Gärten zerstören.

Der Rittersaal im Wallenstein-Palais. Albrecht von Wallenstein veranlasste, dass er als Kriegsgott Mars an der Decke dargestellt wurde.

DIE KLEINSEITE

Das Wallenstein-Palais liegt an einem ausgedehnten Barockgarten mit Bronzestatuen von Adriaen de Vries (Kopien nach Originalen von 1627).

Die Terrasse führt uns zur schönsten Gartenanlage unterhalb der Burg, dem Kolowrat-Garten (Kolovratská zahrada, Architekt Ignaz Palliardi, um 1785).

S. 57: Ein Blick von der Terrasse des Kolowrat-Gartens über die Kleinseite.

DIE KLEINSEITE

Straße betritt man die Brücke, die von Brückentürmen beschützt wird; diese gehörten zu dem Verteidigungssystem, das ursprünglich die Brücke mit dem Malteserkloster und dem Bischofshof verband. Der kleinere der beiden Türme, aus dem 12. Jh., ist ein romanischer Bau, der 1591 erneuert wurde; der höhere, gotische Turm wurde unter der Regentschaft von König Georg von Podiebrad (Jří z Poděbrad) gebaut. Die Brückenbefestigungen haben ihre Wichtigkeit im

DIE KLEINSEITE

Die Mostecká-Straße führt vom Kleinseitner Ring zur Karlsbrücke; ihre Paläste stehen auf Fundamenten des 12. Jh.

Zur Kleinseite begrenzt die Karlsbrücke das Kleinseitner Brückentor (um 1400) mit zwei Türmen aus dem 12. Jh. und von 1464.

S. 59: Die bedeutendste Statue auf der Karlsbrücke ist die der hl. Luitgard (1710), ein Werk von Matthias Braun.

DIE KLEINSEITE

Lauf der Jahrhunderte erwiesen, denn sie spielten in der Geschichte oftmals eine strategische Rolle, an dieser heute so idyllischen Stelle vergossen einst die Verteidiger Prags viel Blut.
Die Karlsbrücke ist ein Wahrzeichen, das jeder Besucher Prags sehen und überqueren muss. Kaiser Karl IV. baute die Brücke 1357 anstelle der älteren Judithbrücke, Peter Parler war ihr Architekt. Sie hat 16 Bögen, ist 10 m breit und 520 m lang, für ihre Zeit eine erstaunliche bautechnische Leistung. Es wird berichtet, dass der Kaiser anordnete, Eier in den Mörtel einzumischen, um dessen Festigkeit zu erhöhen. Das mehrfach durch Überschwemmungen beschädigte Bauwerk blieb bis zum 19. Jh. die einzige Prager Brücke und war deshalb für die zwei Stadthälften lebenswichtig. Die weltberühmten, zwischen 1683 und 1714 geschaffenen Barockskulpturen bilden einen eigentümlichen Kontrast zu der gotischen Brücke und bieten auch vom Ufer einen einzigartigen Anblick.
Die bedeutendsten Bildhauer jener Zeit, einschließlich Matthias

Braun und F.M. Brokof, waren an dieser Skulpturengalerie beteiligt. Kirchliche und weltliche Stifter wetteiferten darum, hier ein Zeichen zu setzen. Die älteste Statue ist die des hl. Johannes von Nepomuk, die Luitgard-Gruppe gilt als die kunstvollste und die des Türken, der die gefangenen Christen bewacht, als die beliebteste. Die Brücke diente früher auch als Hinrichtungsstätte, betrügerische Händler wurden in Käfigen aus Weidengeflecht in der Moldau ertränkt.
Heute hat sich die Karlsbrücke in einen großen Marktplatz verwan-

delt, hier kann man Geschenkartikel erwerben, guten Jazz oder klassische Musik hören oder nur herumspazieren und alle Attraktionen auf sich wirken lassen. Um ihr wirklich näher zu kommen, sollte man sie jedoch morgens oder am späten Abend besichtigen.
Die rechte Bückenseite begrenzt der gotische Altstädter Brückenturm (Staroměstská věž), mit ihm beginnt die Altstadt.

DIE ALTSTADT
Staré Město

Es ist nicht klar, wann die erste Handelsniederlassung in der Nähe einer Furt am rechten Moldauufer gegründet wurde, die dann zur Altstadt von Prag werden sollte. Alte Handelsstraßen kreuzten sich an diesem strategischen Handelsplatz, der später von einem Fürsten und der Prager Burg beschützt wurde. Das Zentrum des Handelsplatzes verschob sich allmählich bis zum Altstädter Ring (Staroměstské náměsti) und in die Nähe eines königlichen Zollhauses in Týn (Tein) Ungelt. Der Entwicklung der Stadt kam der Bau der Judithbrücke und der anliegenden Straßen zu Gute, die etwa an derselben Stelle wie die heutige Karlsbrücke und die Karlova-Straße verliefen. Der Krönungsweg führte von der Burg kommend hierher und über die Karlsbrücke zum königlichen Hof in der Nähe vom Pulverturm (Prašná brána), gekreuzt von einer alten Straße, die zu einer zweiten Siedlung namens Wyschehrad (Vyšehrad) führte. Noch heute gibt es eine Spur davon in der gekrümmten kleinen Husova-Straße, eine der ältesten Gassen von Prag.

Der Altstädter Brückenturm (Baumeister Peter Parler, 1380-1400), der die Brücke zur Altstadt hin bewacht, ist der schönste gotische Turm Mitteleuropas.

S. 63: Einige Skulpturen am Brückenturm: Kaiser Karl IV., links, König Wenzel IV., rechts, St. Veit, in der Mitte, St. Adalbert und St. Sigmund, oben, Wappen der Länder, die Karl IV. beherrschte.

DIE ALTSTADT

Am Ende des 12. Jh. dehnte sich der Handelsplatz immer weiter aus und zu Beginn des 13. Jh. war die Stadt eine wahre Metropole, mit dreißig Kirchen und mit neuen Kaufmanns- und Bürgerhäusern aus Stein. Die Erweiterung des Handels verlangte nach einem weiteren Handelsplatz - der Havel-Stadt - und diese beiden Orte verbanden sich dann in der Altstadt. Die Stadt beschützten massive Schutzwälle und Wehrtürme, breite Gräben und 13 Stadttore, was sie zur damaligen Zeit uneinnehmbar machte.

DIE ALTSTADT

Der Kreuzherren-Platz (Křižovnické náměstí) vom Tor aus von links nach rechts: Die Kirche St. Franziskus Seraphikus, das Portal des Jesuitenkollegs Kementinum, die Fassade der St. Salvator-Kirche.

S. 65: Das Klementinum, das Jesuitenkolleg der Altstadt, ist nach der Burg der größte Prager Gebäudekomplex. Seit 1928 enthält es die Bibliothek der Karlsuniversität und der Teile Nationalbibliothek.

Das Observatorium des Klementinum (Architekt František Maximilián Kaňka, 1721-1723) diente für astronomische und meteorologische Beobachtungen, auch nachdem der Jesuitenorden aufgelöst worden war.

DIE ALTSTADT

Die Altstadt wurde das wahre Zentrum von Prag, in ihr baute man im 14. Jh. das Rathaus und die Teinkirche (Panna Marie před Týnem). Auf dem Altstädter Ring fanden nicht nur alle größeren Jahrmärkte, sondern auch die königlichen Festtage statt, ja sogar Hinrichtungen und die turbulentesten Ereignisse der tschechischen Geschichte.
Die kulturelle und geistige Entwicklung festigte die Vorrangstellung der Altstadt. Kirchen und Klöster wurden erweitert und im 13. Jh. baute man das Kloster St. Agnes (Anežský klášter) am František. Karl IV. gründete 1348 die erste Universität nördlich der Alpen. Internationale Beziehungen und die Ausbildungsmöglichkeiten kamen der Reformation und den Hussiten zu Gunsten, die ihre Zentralstelle in der Bethlehem-Kapelle (Betlémská kaple) hatten. Später wurde nur zwei Straßen weiter das Klementinum als jesuitisches Studienzentrum eingerichtet, von dem dann die Gegenreformation ausging und damit die religiöse Repression im tschechischen Land. Das erste moderne Theater, das Ständetheater (Stavovské divadlo) wurde innerhalb der Mauern der Altstadt gebaut, ein gutes Beispiel dafür, wie das Wirtschaftswachstum Prags die Entwicklung von Kultur und Erziehung jahrhundertelang förderte.

DIE ALTSTADT

Das wunderschöne Gittertor der Vlašská-Kapelle an der Karlova-Straße (Architekt František Maximilián Kaňka, 1715).

Am Ende des 19. Jh. stand ein großer Teil der Altstadt zum Abriß zur Verfügung, um neue Häuser zu bauen. Wenn sich nicht die tschechischen Intellektuellen dagegen gewehrt hätten, wäre fast nichts stehen geblieben. Seit damals hat man Prag sorgfältig erhalten und heute gehört es zum kulturellen Welterbe unter der Schirmherrschaft der UNESCO.
Wir beginnen unseren Rundgang dort wo man die Karlsbrücke verläßt, am Altstädter Brückenturm (Staroměstká věž). Der Turm ist eine Meisterleistung des mitteleuropäischen Festungsbaus und das Hauptaugenmerk am Kreuzherren-Platz (Křižovnické náměstí). Er wurde 1357 von Peter Parler über dem ersten Brückenpfeiler begonnen und bewachte sowohl den Zugang zur Brücke als auch den Eingang in die Altstadt; für viele Jahrhunderte blieb dies die einzige Prager Brücke. Der Turm wurde 1402 vollendet, am gotischen Rippengewölbe innerhalb des Torbogens befinden sich originale Fresken, an der Ostfassade sieht man Statuen böhmischer Könige, Schutzpatrone und das nationale Wappen. Die Dekoration an der Westseite wurde 1648 von schwedischen Soldaten zerstört.

DIE ALTSTADT

Das Renaissancegebäude Zum goldenen Brunnen (U zlaté studně) an der Karlova-Straße, die ein Beispiel für mittelalterliche Stadtplanung ist. Die schönen Schutzheiligenreliefs wurden 1701 gegen die Pest angebracht.

DIE ALTSTADT

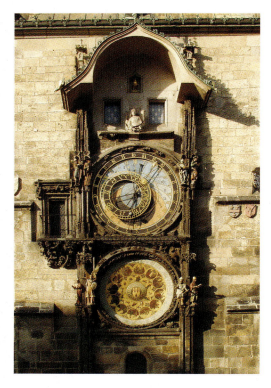

Die astronomische Uhr des Altstädter Rathauses schuf der Uhrmacher Mikuláš von Kadaň zu Beginn des 15. Jh., Hanuš von Růže nahm 1490 Änderungen vor.

S. 69: Der Altstädter Ring.

Die barocke Kirche St. Franziskus Seraphin, auch Kostel křižovníků genannt - an der linken Seite des Křižovnické-Platzes - baute 1630-1696 der Architekt J.B. Mathey. Die St. Salvator-Kirche, an der entgegengesetzten Platzseite, entstand 1600-1659, sie enthält ein Portal, das in das Klementinum, das benachbarte ehemalige Jesuitenkollegium führt. Der Bau des Klementinums dauerte 200 Jahre, nach der Prager Burg der größte Gebäudekomplex in der Stadt. Mit seinen drei Innenhöfen, drei Kirchen (St. Salvator, St. Klemens und der Kapelle der hl. Jungfrau), einem Observatorium, einer Bibliothek, dem großartigen Mathematikersaal und der Spiegelkapelle bezeugt das Klementinum die Macht und den Einfluß der Jesuiten in Böhmen.

Der Kreuzherren-Platz bildet mit der Kirche St. Salvator und dem Altstädter Brückenturm einen beschaulichen, faszinierenden Winkel im alten Prag. Auf der Karlova-Straße mit ihren Gebäuden auf gotischen Grundstücken weitergehend, kommt man zum Haus Zum goldenen Brunnen (U zlaté studně). Bemerkenswert an diesem ursprünglichen Renaissance-Haus ist seine Barockfassade von 1701.

DIE ALTSTADT

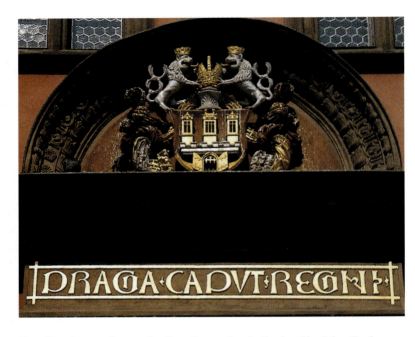

Das Renaissancefenster der Repräsentationshalle des Altstädter Rathauses trägt das Prager Wappen und die Inschrift PRAGA CAPUT REGNI (Prag, Haupt der Reiche).

In der Nähe steht die Pestsäule mit Schutzheiligen, die die Prager vor der Pest bewahren sollten. Die Karlova-Straße schlängelt sich bis zum Kleinen Platz (Malé náměstí), derselbe entstand im 13. Jh. aus der Aufteilung des Altstädter Ringes (Staroměstské náměstí). Der Renaissancebrunnen in der Mitte des Platzes mit seinem vergoldeten und bemaltem Gitterwerk wird auf 1560 datiert, am Platz reihen sich schmale Häuser des 13. und 14. Jh., die später in der Renaissance, in Barock und Empire erneuert wurden.

Wenn man unter den Arkaden dieser Bauwerke weitergeht, erreicht man den Altstädter Ring und das Alte Rathaus (Staroměstská radnice). Das Rathaus setzt sich aus mehreren Gebäuden zusammen (14. bis 16. Jh.) und einem mächtigen gotischen Turm mit Erkerfenstern vom Ende des 14. Jh. Die Astronomische Uhr (Staroměstký orloj), vielleicht die größte Touristenattraktion der gesamten Stadt, wurde um 1410 durch Mikuláš von Kadaň ausgeführt. Man beachte das wunderschöne Renaissancefenster mit der Inschrift PRAGA CAPUT REGNI. Am Ende des Rathauses beginnt ein weiteres gotisches Bau-

DIE ALTSTADT

werk, Zur Minute (U Minuty), mit kunstvollen Sgraffiti aus dem frühen 17. Jh., die Szenen aus der antiken Mythologie und dem Alten Testament darstellen. Ein Teil des Rathauses dient als Repräsentationssaal, ein weiterer Teil als Informationsbüro und Ausstellungsgalerie. Für den Aufstieg auf den Turm wird man mit einem unvergesslichen Ausblick über die Straßen und Dächer der Altstadt und auf die umliegenden Türme und Kirchen belohnt; man gewinnt außerdem einen guten Eindruck von der mittelalterlichen Stadtanlage. Die Gedenkplatte zu Füßen des Turmes erinnert an die Hinrich-

Bemerkenswerte Szenen aus der antiken Mythologie und dem Alten Testament sieht man an der Renaissancefassade des Hauses Zur Minute (U Minuty, 16.-17. Jh.).

DIE ALTSTADT

Die Teinkirche, nach dem St. Veits-Dom die bedeutendste Kirche Prags, enthält wichtige Erinnerungsstätten wie das Grab des Astronomen Tycho Brahe.

tung von 27 tschechischen Adligen nach der verlorenen Schlacht am Weißen Berge, dem Vorspiel zu dem schrecklichen Dreißigjährigen Krieg.
Der Altstädter Ring jenseits des Rathauses ist einer der schönsten Plätze der Welt, ihn umgeben Häuser, Kirchen und Paläste aus dem 13. bis 20. Jh. Das Jan Hus-Denkmal in der Platzmitte stammt von 1915, wurde also 500 Jahre nach der Verbrennung des Reformators errichtet. Der Prager Längenkreis ist in das Pflaster vor dem Denkmal eingraviert.
Die gotischen Teinkirche ist ein weiteres bedeutendes Baudenkmal in Platznähe und wurde nach 1380 von Peter Parler errichtet. Der Zugang vom Platz aus führt durch die ehemalige Teinschule. Die Kirche beherbergt eine Reihe bedeutender Reliquien und das Grab des berühmten Astrologen Tycho Brahe, der am Hof Rudolfs II. tätig war. Man beachte das 1390 von Peter Parler geschaffene Seitenportal, das zur Celetná-Straße hin liegt.
Eine weiterer bedeutungsvoller Sakralbau ist die St. Niklas-Kirche, die der Architekt Kilian Ignatz Dientzenhofer schuf (1732-1735), sie steht an der Platzecke zur Pařížská-Straße. Sie war ursprünglich Teil

Die Silhouette der gotischen Teinkirche, der Hauptkirche der Altstadt (spätes 14. Jh.), erhebt sich über dem Altstädter Ring.

DIE ALTSTADT

Eine weitere bedeutende Kirche am Altstädter Platz, St. Niklas (Baumeister Kilian Ignaz Dientzenhofer, 1732-1735), entstand auf den Resten einer Kirche des 13. Jh.

S. 75: An der Innenkuppel von St. Niklas sieht man eine Freske mit der Legende der hll. Nikolaus und Benedikt.

eines Benediktinerklosters und ersetzte eine frühere Kirche des 13. Jh. Alle Bauwerke am Platz sind von unschätzbarem historischem und architektonischem Wert, die meisten von ihnen haben Grundmauern aus der Frühgotik, denn im 13. Jh. wurde der Platz fünf Meter höher gelegt, nachdem die Moldau neue Dämme erhalten hatte; die ehemaligen Erdgeschosse verwandelten sich in Keller. Darüber errichtete eine neue Generation von Eigentümern ihre Neubauten. Die Gebäude unmittelbar vor der Teinkirche an der Ostseite des Platzes sind besonders interessant. Die frühgotische Teinschule aus dem 13. Jh. erhielt im 16. Jh. Renaissancegiebel, ihre gotischen Arkaden mit Rippengewölben gewährten den Händlern und ihren Waren bei schlechtem Wetter Schutz und bezeugen, dass der Platz ursprünglich als Markt diente. Das benachbarte Eckgebäude Zur steinernen Glocke (U Zvonu) ist wegen seines guten Zustandes und der reichen Dekoration eines der bemerkenswertesten Beispiele mittelalterlicher Architektur in Mitteleuropa. Seine gotische Fassade steht in starkem Kontrast zu dem benachbarten Kinský-Palais, ein wundervolles Bei-

DIE ALTSTADT

spiel des Prager Rokoko. Das Palais baute 1755-1765 Anselmo Lurago nach Plänen von K.I. Dientzenhofer. Franz Kafkas Vater besaß ein Geschäft im Erdgeschoss des Palais' und der Dichter selbst besuchte eine deutsche höhere Schule im benachbarten Palais.
Der Altstädter Ring ist ein günstiger Ruhepunkt, hier kann man die Atmosphäre dieser Kulisse historischer Ereignisse tief in sich auf-

DIE ALTSTADT

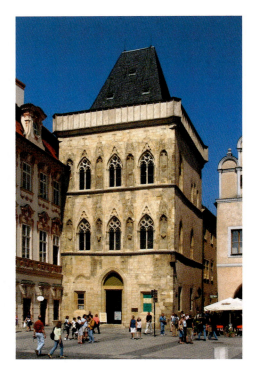

Das wichtigste mittelalterliche Bauwerk Tschechiens ist das gotische Palais Zur steinernen Glocke (U Zvonu, um 1340), links von der Teinschule.

S. 77: Die strenge gotische Fassade von U Zvonu steht in starkem Kontrast mit dem benachbarten Kinský-Palais (Baumeister Anselmo Lurago, 1755-1765) in lieblichem Prager Rokoko.

nehmen und sie als geschäftigen Markt sehen, mit einem exotischen Sprachengewirr, das dem des heutigen Prags geähnelt haben muss. Mehrere gekrümmte Straßen führen von dem Platz hinweg, gegenüber dem Rathaus geleitet uns die Melantrichova-Straße zu einem 1559 entstandenen Renaissancegebäude Zwei goldene Bären (U dvou zlatých medvědů), wo der "rasende Reporter" Egon Erwin Kisch geboren wurde. Hier befindet sich Prags schönstes Renaissanceportal. Andere Straßen mit zahlreichen historischen Häusern erreicht man über Durchgänge oder jenseits von Innenhöfen. Eines der malerischten Bauwerke, U Vejvodů, steht an der Jilská-Straße. Die Husova-Straße, eine der ältesten Prags, säumen faszinierende Gebäude aus dem 12. und 13. Jh., hier erhebt sich die 1339-1371 erbaute St. Ägidius-Kirche (Jiljí-Kirche), die 1773 erneuert wurde, zu ihr gehört ein Domenikanerkloster. Am Ende der Husova-Straße prangt in prächtigstem Barock das Clam-Gallas Palais, das der berühmte Baumeister Johann Bernhard Fischer von Erlach 1713-1729 baute und mit einer monumentalen Treppe schmückte, die Skulpturen schuf Matthias Braun.

Nur wenige Schritte von der St. Ägidius-Kirche kommt man zum Bethlehem-Platz mit der renovierten Bethlehem-Kapelle und Dům kazatelů. Man hatte Jan Hus die Kapelle anvertraut und er verkündigte hier von 1402-1414 seine Reformideen. Beachten Sie auch das U Halánků-Gebäude, mit einem Eingang zum Náprstek Museum, welches seinerseits kulturelle Sammlungen aus Asien, Afrika und Amerika vorstellt. Nun gehe man in Richtung Moldau entlang der Betlémská-Straße, an der sich ein weiteres, wohlerhaltenes Wahrzeichen des alten Prag befindet, die romanische Hl. Kreuz-Rotunde des 12. Jh., mit gotischem Deckengemälde des 14. Jh. Sie wurde bei einer Furt gebaut, die Teil einer alten Straße war, die von der Prager Burg bis zur Burg Wyschehrad führte.

Von der entgegengesetzten Seite des Platzes leiten die Straßen in die ehemalige Havel-Stadt. Die Kirche des 12. Jh., St. Martin in der Mauer, verbirgt sich in der Martinská-Straße. Der Name spielt auf die Tatsache an, dass die Kirche schließlich in den Stadtwall eingefügt wurde. Seit dem 12. Jh. erneuerte man die Kirche mehrmals, sie gewann an Bedeutung, weil in ihr die ersten Abendmahle gefeiert wurden, bei denen man 1414 zum ersten Mal "beide Arten", Brot und Wein austeilte.

DIE ALTSTADT

Das Haus Zwei goldene Bären (U dvou zlatých medvědů) hat das schönste Renaissanceportal in Prag.

S. 79: Die Häuser der Husova-Straße stammen aus dem 12. und 13. Jh., wie auch die St. Ägidius-Kirche (1339-1371) und das berühmte Pilsner Urquell-Gasthaus Zum Goldenen Tiger (U zlatého tygra).

DIE ALTSTADT

DIE ALTSTADT

Das von Johann Bernhard Fischer von Erlach errichtete Clam-Gallas-Palais ist der bedeutendste Prager Barockbau, den Skulpturen von Matthias Braun bereichern.

S. 80, oben: Ein alter Druck mit der Ansicht des Clam-Gallas-Palais.

S. 80, unten: Die großartige barocke Treppe von Matthias Braun befindet sich im Clam-Gallas-Palais.

DIE ALTSTADT

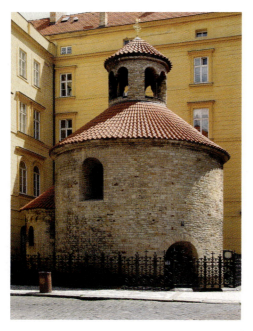

Die romanische Heilig-Kreuz-Rotunde (Ende 12. Jh.) ist ein Rest alter Ansiedlungen, die im mittelalterlichen Stadtkern Prags allmählich verschwunden sind.

S. 83: Der Havel-Markt war der Mittelpunkt der mittelalterlichen Havel-Stadt (1232 gegründet). Die am Stadtende gebaute St. Havel-Kirche wurde zwischen 1670 und 1727 in barockem Stil erneuert.

Die Bethlehem-Kapelle (nach 1391) war ein bedeutender Treffpunkt für die Prager, hier predigte Jan Hus von 1402 bis 1414 seine Reformideen.

DIE ALTSTADT

Das Mozart-Haus in der Uhelný trh Nr. 420 gehörte am Ende des 18. Jh. der Dušek-Familie, welche auch ein Landhaus namens Bertramka besaß, wo Mozart oft zu Gast war. Der große Komponist erlebte am 29. Oktober 1797, anläßlich der Premiere vom *Don Giovanni* die Begeisterung der Prager im Ständetheater (Stavovské divadlo). Ein Brunnen von 1797 mit Allegorien des Wein- und Obstanbaus beherrscht die Platzmitte. Der Markt zwischen der heutigen Rytířska- und Havelská-Straße war früher das Zentrum der Havel-Stadt (Havelské město), welche 1232 gegründet wurde; im 15. Jh. unterteilte man sie in zwei Hälften. Die gotischen Häuser an der Havelská-Straße mit ihren Arkaden und Rippengewölben sind wohlerhaltene Zeugen des ehemaligen Marktes. Das Leben und Treiben auf dem heutigen Havelský-Markt gibt einem eine Idee davon, wie der Platz in den letzten 800 Jahren ausgesehen haben mag.

Die St. Havel-Kirche am Ende der Havelská-Straße wurde 1232 zusammen mit der Stadt als Gemeindekirche gegründet. Die Rytířská-Straße endet vor dem Ständetheater, Prags erstem modernen Theater, das Graf B. Nostic 1781-1783 erbaute. Das Karolinum, in Nachbarschaft zum Theater, ist ein ausgedehnter Gebäudekomplex, der das Verwaltungszentrum der berühmten Karlsuniversität enthält.

DIE ALTSTADT

Das Stände-Theater (Stavovské divadlo, 1781-1783), das erste moderne Theater in Prag, baute 1787 Bedřich Nostic. Hier fand die Uraufführung von Morzarts Don Giovanni statt.

S. 85: Der gotische Erker an der Karolinum-Kapelle (um 1370) ist ein Werk der Hochgotik. Hier hat die Verwaltung der Karlsuniversität ihren Sitz.

Wenn man vom Karolinum über den Obstmarkt (Ovocný trh) und durch die Celetná-Straße geht, erreicht man den Pulverturm (Prašná brána), dort wo früher Hof gehalten wurde (Královský dvůr). Wahrscheinlich werden wir niemals in Erfahrung bringen, wie der königliche Hof eigentlich aussah, doch man nimmt an, dass er sich zwischen der Celetná-Straße und dem heutigen Kotva-Kaufhaus ausdehnte, dort wo heute das Gemeindehaus (Obecní dům) steht. Die böhmischen Könige residierten hier im 14. und 15. Jh. und zur Zeit von Wenzel IV. war dies eine äußerst lebhafte Gegend. Begleitet von seinem Hofnarren und einem Scharfrichter unternahm Wenzel von hier aus Nachtspaziergänge unter seine Bürger, wobei er die Ehrenhaften belohnte und die Bösen bestrafte. Zu Zeiten des Georg von Podiebrad war dieser Hof das wahre Zentrum des Königtums.
Der Schutzwall der Altstadt erstreckte sich längs des heutigen Příkopy, mit Zugang durch das Pulvertor aus dem 15. Jh. 1905-1911 errichtete man in reinem Sezessionsstil das Gemeindehaus (Obecní dům) neben dem Pulvertor und die beiden Bauwerke zusammen bilden einen eigentümlichen Stilkontrast, wie er für Prag typisch ist. Das Gemeindehaus enthält Prags größten Konzertsaal (Smetanova síň) zusammen mit Versammlungs- und Ausstellungssälen, Restaurants und Cafés. Das Gemeindehaus ist ein großartiges Beispiel für die Jugendstil-Architektur, die berühmtesten Künstler ihrer Zeit führten die Dekorationen aus.

DIE ALTSTADT

DIE ALTSTADT

Das Café im Gemeindehaus (Obecní dům, 1906-1911). Diese Jugenstilausstattung wurde von berühmten tschechischen Künstlern gestaltet.

S. 87: Im Vordergrund das Gemeindehaus (Obecní dům, 1906-1911), nahe dabei das gotische Pulvertor (Prašná brána, 1475).

Der tschechische Kubismus ist ein eigener Architekturstil. Das Haus der Schwarzen Madonna (U černé matky boží an der Celetná-Straße) mit Kubisten-Museum ist dafür beispielhaft.

DIE ALTSTADT

Wenn man die mit alten Palästen bestückte Celetná-Straße entlanggeht, kommt man zur Altstadt zurück. Man lege an dem Haus der Schwarzen Madonna (Dům u černé matky boží) eine Pause ein, es handelt sich um ein Bauwerk des "tschechischen Kubismus", diesem typischen Baustil vom Beginn des 20. Jh. ist im Inneren eine Galerie gewidmet. Eine Passage rechter Hand bringt uns zur St. Jakob-Kirche und -Kloster, welche unter Wenzel I. entstanden (1232). Das Kloster hat einen einzigartigen Kreuzgang aus dem 14. Jh. Nach der Feuersbrunst von 1689 wurde die Kirche in barockem Stilk erneuert, wegen ihrer Akustik und Orgel gilt sie als eine der besten Konzerthallen von Prag. Der Kirche gegenüber liegt der Hintereingang von Tein Ungelt, dem ehemaligen königlichen Zollhaus, wo alle in das Land eingeführten Güter abgefertigt werden mussten. Die ausländischen Händler hatten in diesem Areal ihre Gasthäuser und ein Hospital, - hier wurden bedeutende Geschäfte getätigt. An einem ziemlich großen Innenhof stehen interessante Bauwerke, besonders auffallend ist das Granovský-Haus mit Renaissancearkaden und Sgraffiti. Man sieht immer nach das Hauptportal von Tein Ungelt, das im Verteidigungssystem der Stadt eine wichtige Rolle spielte.

Der Kreuzgang des St. Jakob-Klosters (14. Jh.) gehört zu Prags feinsten gotischen Bauwerken.

S. 89: Die Stuckskulpturen Verherrlichung des hl. Franziskus Seraphikus (um 1696) an der Fassade der St. Jakobs-Kirche, welche König Wenzel I. 1232 gründete; sie wurde im Barock umgestaltet.

Die Straße, die von dem Tor weg und an der Tein-Kirche entlang führt, bringt uns wieder in das Herz der Altstadt, den Altstädter Ring. Vom Platz aus kann man in das jüdische Getto gehen (siehe nächstes Kapitel) oder zum St. Agnes-Kloster. Um dorthin zu kommen, geht man an der Heilig Geist-Kirche und an St. Salvator vorbei, an der barocken Kirche St. Simon und Judas und an einem Hospital, die alle aus dem 14. Jh. stammen. St. Simon und Judas gehörte den Barmherzigen Brüdern, ihr heutiges Aussehen entspricht dem Zustand von 1620, heute dient die Kirche als Konzertsaal.

Nicht weit davon findet man das ehemalige Kloster St. Agnes, es wurde 1234-1280 unter Wenzel I. und dem Premysl Ottokar II. erbaut, Gründerin und Vorsteherin war Wenzels I. Schwester Agnes, die in den Franziskanerorden eintrat. Dieses erste gotische Gebäude

DIE ALTSTADT

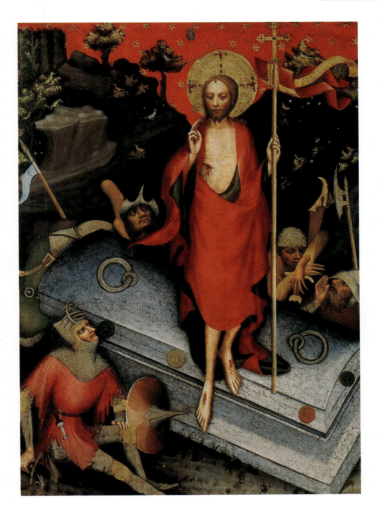

Das wundervolle gotische Gemälde "Auferstehung" (Zmrtvýchvstání) vom Meister des Třeboň-Altares (vor 1380), befindet sich in den Sammlungen der Nationalgalerie im St. Agnes-Kloster.

S. 90, oben: Die Renaissancearkaden und die Fassade des Granovský-Hauses (1560) liegen im Innenhof von Tein (Týn) Ungelt, dem früheren königlichen Zollhaus.

S. 90, unten: Das ehemalige St. Agnes-Kloster, einst von Agnes, der Schwester Wenzels I. gegründet. Das 1234-1280 erbaute Kloster war das erste gotische Bauwerk im tschechischen Land.

im tschechischen Land besteht aus den Kirchen St. Franziskus und St. Salvator, aus den Kapellen St. Barbara und St. Magdalena, den Klostergebäuden, dem Haus der Äbtissin und Dienstgebäuden. St. Salvator diente als Grabstätte der Premysliden-Könige, deren Portraits an einem Bogen der Kirche angebracht sind, hervorragende Beispiele der tschechischen Bildhauerkunst aus der Spätromanik und Frühgotik. Der gesamte Gebäudekomplex erlitt starke Beschädigungen und nach seiner Restaurierung beherbergt er jetzt die Nationalgalerie mit tschechischer und mitteleuropäischer Kunst.

DIE ALTSTADT

Einer der typischen Prager Kontraste, die St. Klemens-Kirche spiegelt sich in einem modernen Bau an der Klimentská-Straße.

S. 92: Das St. Agnes-Kloster wurde schon vor Jahrhunderten verlassen, aber nach der Restaurierung beherbergt es heute die Sammlungen der Nationalgalerie mit tschechicher und europäischer Kunst aus dem Mittelalter.

JÜDISCHES GETTO
Židovské Ghetto

Jeden Tag durchqueren tausende von Touristen aus der ganzen Welt das jüdische Viertel Prags, wo die Prager Juden die zahllosen Wechselfälle ihrer leidvollen Geschichte durchlebten. Einige der Besucher forschen nach ihrer Herkunft, andere wünschen die Geschichte zu verstehen und alle finden zahlreiche und denkwürdige Reste aus alter Zeit.

Die jüdische Stadt (Židovské město) wurde ab Ende des 9. Jh. von den Juden bwohnt, der Kaufmann Ibrahim ibn Jacob hat 965 über ihr Leben und ihre Handelsgüter berichtet. Die Geschichte der Prager Juden blieb stets mit Geschäften und Finanzen verbunden, von Anfang an lebten sie in der Nähe eines alten Marktplatzes, dort wo sich heute der Altstädter Ring erstreckt und das Zollgebäude Ungelt steht. Ihre Geschäftstüchtigkeit war anderen Kaufleuten und Handwerkern ein Dorn im Auge, so dass sie stets ein konfliktreiches Leben hatten, tödlicher Hass wechselte mit Bevorzugung durch die Herrscher und die Stadt. Im 13. Jh. erreichten sie den höchsten Status als Finanzleute am Hof der letzten Premyslidenkönige und später während der Herrschaft von Karl IV. und Rudolf II.

Der Hof Rudolfs II. brauchte dringend das jüdische Geld, also brei-

Inneres der Alt-Neu-Synagoge.

S. 94: Das Wappen der jüdischen Stadt, der Davidstern und ein jüdischer Hut befinden sich über dem Eingang zum jüdischen Rathaus.

tete sich zu jener Zeit das Getto aus und die jüdische Kultur blühte. Damals lebten der sagenumwobene Rabbi Löw, der Finanzier Morchedai Maisel und der Gelehrte David Gans, letzterer korrespondierte mit Johannes Kepler und Tycho Brahe. Man glaubt, dass Rabbi Löw für den Kaiser spiritistische Sitzungen in der Burg organisierte und die künstliche Figur des Golem schuf, der durch die Straßen des Gettos marschierte. In Wirklichkeit war Prag damals stolz auf seine jüdische Gemeinde - es gab viele Intellektuelle und Studenten mit Verbindungen nach ganz Europa. Die Philosophie und Literatur, die vom 16. bis zum 18. Jh. geschrieben wurde, inspirierte die deutsch-jüdische Literatur des 19. und 20. Jh.

Das jüdische Viertel, das seit dem 16. Jh. Getto genannt wurde, war eine unabhängige Stadt mit eigener Verwaltung, von Mauern umgeben und durch Tore verschlossen. Diese aufgezwungene Isolation führte von Seiten der restlichen Stadt zu Misstrauen und Hass, zu Progromen und Deportationen. Viele Spuren solcher Ereignisse in Gestalt von Synagogen und jüdischen Friedhöfen finden sich außerhalb vom Prager Stadtzentrum in Orten wie Libeň, Radlice, Malvazinky und Žižkov. Nach dem Feuer von 1689, das fast das gesamte Getto zerstörte, wurde es in Stein und Ziegeln wieder aufgebaut. Doch trotzdem blieb es ein bizarres Gewirr von Straßen, das unter Überfüllung und geringer Hygiene litt, eine Situation, die in Meyrinks Roman *Der Golem* sehr gut beschrieben ist. Die physischen Barrieren zwischen den Juden und den anderen Bürgern wurden erst

Ein geheimer Zuweg, der zur Alt-Neu-Synagoge führt. Die Legende berichtet, dass der Golem in der Synagoge seine Auferstehung erwartet.

S. 97: Die Alt-Neu-Synagoge im Prager Getto, spätes 13. Jh. Das zweischiffige Gebäude mit gotischem Gewölbe flankieren niedrige Vorräume und ein Matroneum.

JÜDISCHES GETTO

unter Josef II. beseitigt, als man die Mauern abriss und das Getto ein Stadtviertel mit Namen Josefov (Josefsstadt) wurde. Im 19. und 20. Jh. wohnten die Juden auch in Gebieten außerhalb des Gettos. Bedeutende jüdische Geschäftsleute leisteten während der Industriellen Revolution ihren Beitrag zur Entwicklung Prags, meistens als Großhändler, Geldwechsler und Textilhersteller.

Eine skrupellose Sanierung versetzte dem Getto nach 1896 einen tödlichen Schlag - die alte Ansiedlung wurde abgerissen, um Platz für eine neue Stadtentwicklung zu schaffen. Nur wenige Reste blie-

JÜDISCHES GETTO

Die berühmte Alt-Neu-Synagoge und ihr schlichtes Inneres (spätes 13. Jh.).

S. 99: Tausende von Namen, ein schrecklicher Tod für Tausende in den Gaskammern der nationalsozialistischen "Übermenschen". Ist es möglich das zu begreifen? Ist es möglich und richtig so etwas zu vergessen?

ben erhalten, Synagogen, ein Rathaus und ein Friedhof. Das Schicksal des Gettos war nur ein Vorspiel zum Schicksal der Juden, 40.000 unschuldige Menschen wurden in deutschen Konzentrationslagern ermordet. Nur wenige Tausend überlebten und zwei Drittel der Überlebenden zogen nach Israel (ab 1948). Kommunistische Verfolgungen zwangen weitere Juden dazu, zu emigrieren (1968-1969), daher zählt die heutige jüdische Gemeinde von Prag nur 1000 Mitglieder und ist eine der kleinsten der Welt.

Jetzt beginnen wir den Rundgang durch das Getto. Das älteste noch erhaltene Bauwerk ist die Alt-Neu-Synagoge (Staronová synagoga) aus dem 13. Jh. Der zweischiffige Raum mit einem schweren gotischen Gewölbe wird von niedrigen Vorräumen und einem Matroneum umgeben. Die Synagoge ist ein großartiges Beispiel für frühgotische Archtektur und dient seit mehr als 700 Jahren als Bethaus. Gegenüber, auf der anderen Straßenseite, liegt die Hohe Synagoge (Vysoká synagoga) von 1582, heute Teil des jüdischen Rathauses. Die Pinkas-Synagoge von 1479 wurde 1535 erweitert. Reste von alten Brunnen für die rituellen Waschungen oder Mikwe wurden in den Fundamenten gefunden. Seit den fünfziger Jahren des 19. Jh. nennt die Pinkas Synagoge eine Gedenkstelle ihr eigen, sie erinnert an die 77.279 jüdischen Naziopfer in Böhmen und Mähren. Die 1591 gegründete Maisel-Synagoge wurde 1691 nach einem Brand erneuert und später in neugotischem Stil umgewandelt. In ihr sieht man ei-

JÜDISCHES GETTO

Die spanische Synagoge in maurischem Stil wurde 1890 auf den Grundmauern der ältesten Synagoge der Stadt errichtet.

S. 101: Das Grab des Rabbi Löw ist das meistbesuchte im Alten Jüdischen Friedhof.

ne Sammlung von Synagogensilber. Die Klaus-Synagoge, am Ende des 17. Jh. gegründet, ist ein einzigartiges Beispiel frühbarocker Architektur. Die Maurisch-Spanische Synagoge (1890 gegründet), war die letzte, die im ehemaligen Getto entstand. Die Jubiläums-Synagoge, außerhalb des Gettos an der Jeruzalémská-Straße, wurde 1906 gebaut und ist die zweitgrößte Synogoge von Prag - nach der Anzahl der Gläubigen die sie fasst.

Die Alt-Neu-Synagoge liegt neben dem jüdischen Rathaus. Dieses enthält einen Renaissance-Kern aus dem 16. Jh., der 1765 in Rokokostil abgeändert wurde; hier hat die jüdische Selbstverwaltung ihren Sitz, außerdem gibt es die Wohnung des Rabbiners und ein Kommunikationszentrum der jüdischen Gemeinde. Das Rathaus hat ein doppeltes Uhrensystem: eine Gruppe von Uhren am Glockenturm gibt die Zeit in europäischer Zeit an, die andere Uhr am Tympanon hat ein hebräisches Zifferblatt und die Zeiger bewegen sich in entgegengesetzter Richtung.

Der in aller Welt bekannte Alte Jüdische Friedhof ist der zweitälteste jüdische Friedhof in Mitteleuropa. Der mitten im Getto gelegene Begräbnisplatz wurde zu Beginn des 15. Jh. gegründet und blieb bis 1787 in Gebrauch. Bis dahin hatten sich etwa 13 Grabschichten und ungefähr 20.000 Grabstelen übereinander gelagert. Der berühmteste Grabstein ist der des Rabbi Löw, aber man kann Stunden damit zubringen, die einzelnen Stelen zu betrachten, die Namen und Beruf der Verstorbenen angeben. Menschen von großer und geringer Bedeutung, arm und reich liegen hier dicht beieinander, da sie vor Gott alle gleich sind. Heute finden die Beerdigungen im Neuen Jüdischen Friedhof in Strašnice statt, wo sich auch Franz Kafkas Grab befindet. Franz Kafka - die Bewunderer seiner hermetischen, schwer fassbaren Kunst kommen nach Prag und sie suchen nach den Orten, wo K. spazieren ging und das Leben seines Schöpfers beeinflusste. Sie suchen nach jener gewissen Atmosphäre, nach der Mystik, in der sich

tschechische, deutsche und jüdische Kultur zwischen dem 19. und 20. Jh. überkreuzten. Kafka, Brod, Werfel, Kisch und Meyrink, ebenso wie Rilke und Einstein - sie alle brachten die Kultur des magischen Prag in Bewegung. Kafka steht an der Spitze dieser Pyramide und jeder findet den Weg zu ihm auf seine Weise, eine einsame, nicht mitteilbare Reise.

Kafka und Prag sind zwei untrennbare Begriffe. Eine Zusammenfassung von Kafkas Leben würde folgendermaßen aussehen:

Er wurde am 3. Juli 1883 an einem Eckgebäude der Maiselova-Straße geboren, dort wo sich heute der Franz Kafka-Platz und seine Büste befinden.

Von 1888-1889 lebte er im U Sixtů-Gebäude, Celetná 2.

Von 1889-1896 wuchs er im Zur Minute-Haus (U Minuty) am Altstädter Ring heran.

Von 1896-1907 mietete er sein erstes Zimmer im U tří králů-Haus, Celetná 3.

Von 1893-1903 besuchte er die deutsche höhere Schule im Kinský-Palais am Altstädter Ring. Sein Vater, Hermann Kafka, hatte ein Textiliengeschäft im Erdgeschoss der Schule.

1906 erwarb er den Doktorgrad in Recht am Prager Karolinum.

JÜDISCHES GETTO

Man könnte Stunden damit zubringen, die Inschriften auf den Stelen zu lesen; normalerweise sind Name und Beruf der Verstorbenen angegeben.

S. 102: Der Alte Jüdische Friedhof wurde im frühen 15. Jh. angelegt und bis 1787 benutzt. Im Lauf der Jahrhunderte sammelten sich etwa 20.000 Grabsteine an, stellenweise in bis zu 13 Schichten.

Von 1908-1922 arbeitete er in der Versicherungsanstalt für Arbeiter in Na poříčí 7.
Er verkehrte mit in Prag anwesenden jüdischen Intellektuellen - mit Max Brod, Franz Werfel und Albert Einstein - im Salon der Berta Fantová im U jednorožce-Gebäude am Altstädter Ring 17.
Von 1916 bis 1917 lebte er im Goldenen Gässchen Nr. 22 an der Burg.
Kafka verbrachte den größten Teil seines Lebens im Zentrum Prags, in der Nähe des Altstädter Ringes, des Gettos und des Jüdischen Friedhofs. Wir können nur vermuten, wie sehr ihn der Abriss des Gettos am Ende des 19. Jh. berührt haben mag. Vielleicht war dies einer der Gründe dafür, warum er verfügte, dass seine Schriften zerstört werden sollten. Es mag sein, dass er in der Versicherungsgesellschaft lernte, wie sinnlos es ist, gegen das eigene Schicksal anzukämpfen. Das Gefühl von Entfremdung und Nichtigkeit bei der Suche nach einer Heimat, die Falle des inneren Gettos und die Vorahnung einer schrecklichen Tragödie, der er zum Glück nicht mehr erlebte, charakterisieren seine Kunst.

Franz Kafkas Grab.

Der Neue Jüdische Friedhof.

DIE NEUSTADT
Nové Město

Heute kann man sich kaum vorstellen, dass es einst kleine Dörfer mit Häusern, Feldern und Vieh im Zentrum von Prag und um den Wenzelsplatz (Václavské náměstí) herum gab. Die schnelle Entwicklung der Altstadt innerhalb ihrer Stadtmauern erforderte im 14. Jh. die baldige Erweiterung Prags. Kaiser Karl IV. spielte damals die Rolle des aufgeklärten Investitoren, als er 1348 die Neustadt (Nové Město) gründete. Seine Planungsmethode ist immer noch aktuell, er beauftragte zunächst eine Kommission, die das Baugelände ausfindig machen musste, dann kaufte er das Land, gab ein Projekt für den Stadtausbau in Auftrag, bestimmte die Bausumme und setzte Fristen. Nachdem er seinen Bauplatz erhalten hatte, musste jeder Bauherr innerhalb eines Monats mit den Arbeiten beginnen und sie in eineinhalb Jahren abschließen; dabei waren für damalige Zeiten ziemlich strikte hygienische und bauliche Vorschriften zu beachten. Doch der Bauherr blieb für zwölf Jahre von Steuerzahlungen befreit, was natürlich Handel und Produktion in der Neustadt stark förderte.
Die Neustadt umgab die Altstadt wie ein Halbkreis, wodurch sowohl das Leben in den beiden Stadtteilen als auch die Vereinigung mit der Burg Wyschehrad (Vyšehrad) eine gesicherte Zukunft hatten. Die Grundstücke waren groß und die Straßen standen in direkter Verbindung mit den Toren und Straßen der Altstadt. Die Neustadt erhielt auch drei neue Marktplätze. Die Stadtplanung samt ihrer Ausführung ist eine Großtat der gotischen Urbanisierung. Der Kaiser überwachte sein Projekt persönlich und konnte sich noch zu Lebzeiten an den Früchten seiner Anstrengungen erfreuen. Die Neustadt hat sich in ihren Grundzügen seit damals kaum verändert und man kann wirklich sagen, dass ohne Karl IV. Prag ganz anders aussehen würde.
Die geplante Einheitlichkeit wurde durch Kirchen und Klöster bereichert, die sich über die niedrigeren Gebäude und Stadtmauern erhoben und so die eindrucksvolle Stadtansicht von Prag mitbestimmten. Der Kirchenbau war von dem Wunsch des Kaiser getragen, möglichst alle Typologien gotischer Baukunst in Prag zu vereinigen. Trotz der fieberhaften Bautätigkeit blieb genug Platz für Parkanlagen und Gärten, welche auch heute noch das Leben in der Neustadt angenehm machen. In der Neustadt wohnten in erster Linie Handwerker, die Dank ihres revolutionären Geistes mehrmals an die

DIE NEUSTADT

Der Wenzelsplatz (Václavské náměstí). Das Denkmal des hl. Wenzel (Svatý Václav) am oberen Ende des Platzes, wo wichtige Ereignisse der tschechischen Geschichte stattgefunden haben.

Macht kamen, vor allem zur Zeit der Hussitenkriege. Nachdem man die beiden Städte in der Stadt Prag vereinigt hatte und unter Josef II. die meisten Kirchen und Klöster säkularisiert worden waren, verlor die Neustadt allmählich ihren mittelalterlichen Charakter. Heute wirkt sie vor allem wie ein Viertel des späten 19. Jh., auch wenn die Gebäude auf den Fundamenten aus der Zeit Karls IV. stehen.

DIE NEUSTADT

Der Rundgang beginnt im Herzen der Neustadt auf dem Wenzelsplatz (Václavské náměstí). Der Wenzelsplatz war ursprünglich ein Pferdemarkt (Koňský trh) und durchquert die Neustadt von den Stadtmauern der Altstadt bis zum Pferdetor (Koňský brána) an der äußeren Stadtmauer. Heute gilt er als Prags wichtigster Treffpunkt mit Geschäften, Geschäftsarkaden, Hotels und Banken und wird von drei Metrolinien gekreuzt. Das Denkmal, das der Bildhauer J.V. Myslbek zu Ehren des böhmischen Schutzheiligen St. Wenzel (Svatý Václav) schuf (1912-1916), steht am oberen Ende des Platzes. Ein älteres Wenzelsdenkmal gab es hier schon seit 1680 und seine Umgebung war der Schauplatz vieler bedeutender Ereignisse der tschechischen Geschichte, insbesondere der Gründungserklärung der Tschechoslowakischen Republik im Oktober 1918, der Proteste gegen die sowjetische Besatzung (1968) und der Demonstrationen, die 1989 mit der Überwindung der kommunistischen Diktatur endeten.

Hinter dem Denkmal steigt der Platz zum Nationalmuseum in Neorenaissance-Stil an, das der Architekt Josef Schulz 1885-1890 baute. Von dem Motiv der Museumskuppel, die sich über der zentralen Repräsentationshalle oder dem Pantheon erhebt, gibt es zahllose Postkarten. Das Museum steht an einer Stelle, wo früher die Stadt endete und die Obst- und Weingärten des heutigen Vinohrady begannen. Die Staatsoper, ebenfalls in Neorenaissance-Stil, liegt links vom Museum und ein bedeutendes Bauwerk des Jugentstils, der Hauptbahnhof (Hlavní nádraží), noch etwas weiter nordöstlich. Der 1901-

Am Wenzelsplatz und in seiner Umgebung stehen viele Jugendstilgebäude wie das hier abgebildete Hotel Europa.

S. 109: Der einzigartige Jugendstil-Hauptbahnhof (Architekt Josef Fanta, 1901-1909) war ein Juwel im Stadtbild, bis man nicht direkt davor eine Hauptverkehrsader anlegte.

DIE NEUSTADT

1909 nach einem Entwurf von Architekt Josef Fanta errichtete Bahnhof war ein wahres Juwel, bis man direkt vor seinem Eingang eine vielbefahrene Schnellstraße baute.

Vom Hauptbahnhof gehe man die Jeruzalémská-Straße hinunter bis zur Jubiläums-Synagoge und zur St. Heinrich-Kirche (Sv Jindřich), in deren Nähe erhebt sich ein 1472-1476 enstandener Glockenturm. Ein weiterer großer Marktplatz der Neustadt, der sich Senný (Heumarkt) nennt, - man verkaufte dort Heu und Feldfrüchte - ist nur wenige Schritte entfernt. Die nahe Hybernská-Straße mit Palästen aus

DIE NEUSTADT

Barock und Empire beginnt jenseits des Pulvertores mit dem interessanten U Hybernů-Gebäude mit seiner Empire-Fassade, das früher als Kirche und Zollhaus diente. Sich nach links wendend kommt man an dem monumentalen Bau der Tschechischen Nationalbank vorbei und zur Na Příkopech-Straße, die ihrerseits an dem ehemaligen Stadtgraben vor der Altstadtmauer entlang führt. Man beachte das barocke Sylva-Taroucovský-Palais von 1745-1751, das Kilian Ignaz Dientzenhofer entwarf. Es hat drei Innenhöfe, eine barocke Treppe und Skulpturen von Ignaz F. Platzer. Der Příkopy führt zur Kleinen Brücke (Můstek) am Ende vom Wenzelsplatz, dort wo früher eine Brücke den Burggraben überwand. Hier am Můstek treffen wichtige Prager Verkehrsstraßen aufeinander, die Kreuzung nennt sich Goldenes Kreuz.

Die Národní třída hinab Richtung Nationaltheater folgt man wieder dem ehemaligen Wallgraben der Altstadt. Direkt nach dem Wenzelsplatz wende man sich nach links zur Maria-Schnee-Kirche, die Karl IV. im 14. Jh. gründete. Das niemals beendete Gotteshaus sollte das größte der Christenheit werden, wie man an den Ausmaßen des Chors, dem einzig ausgeführten Bauteil, erkennt. Die Dimensionen des Heiligtums sieht man gut von dem benachbarten Františkánská-

Die Fassade der Maria-Schnee-Kirche; sie wurde 1347 von Kaiser Karl IV. gegründet. Der heutige Bau ist nur der Chor einer Kirche, die als die größte der Christenheit geplant war.

S. 111: Das barocke Sylva-Taroucovský-Palais (Architekt K.I. Dientzenhofer, 1745-1751) an Na Příkopě gibt uns eine Vorstellung davon, wie diese Straße einst aussah.

DIE NEUSTADT

Garten aus, einer beliebten Erholungsinsel im Stadtzentrum. Ein weiteres Beispiel des Prager kubistischen Baustils ist ein Laternenpfahl auf dem kleinen Platz neben der Kirche.
Platýz am Národní třída ist Prags erstes Apartment-Haus, es entstand 1817-1825 aus einem früheren Renaissance-Palast. Man baute es um einen interessanten Innenhof und eine Passage zum Havelské město; da der Besitzer gut daran verdiente, war es bald als Profit bringendes Vorbild bekannt. Das Voršilky Kloster in der Nähe des Nationalthe-

DIE NEUSTADT

Diese Laterne ist ein weiteres Beispiel für den tschechischen Kubismus und steht auf einem kleinen Platz hinter der Maria-Schnee-Kirche.

S 113: Die Siegesgöttin mit ihrer Triga in beherrschender Position am Nationaltheater (eine Skulptur von Bohuslav Schnirch).

Das historisch bedeutende Nationaltheater (1868-1883), die "Goldene Kapelle" und Stolz der tschechischen Nation, spiegelt sich in der Moldau und ist ein Symbol der nationalen Unabhängigkeit.

aters (Národní divadlo) und der Neuen Bühne (Nová Scéna) wurde vom Architekten M.A. Canevale 1674-1679 erbaut. Es enthält beachtliche Statuen und eine schöne barocke Innenausstattung. Heute ist das Kloster mit dem Verwaltungsgebäude des Nationaltheaters und der Neuen Bühne verbunden, in letzterer finden die berühmten Schauspiele der Laterna Magika statt.

Der historisch wichtige Bau des Nationaltheaters steht am rechten Ufer der Moldau, in deren Wassern sich die "goldene Kuppel" des Theaters, Stolz der tschechischen Nation, spiegelt. Das Theater wurde 1868-1883 erbaut, nach Plänen der Architekten Josef Zídek und Josef Schulz, es ist die wichtigste Leistung der tschechischen Architektur des 19. Jh. Die berühmtesten einheimischen Künstler der damaligen Zeit lieferten Skulpturen und Gemälde. Dieser Kulminationspunkt der kulturellen und politischen Anstrengungen tschechischer Patrioten ging von einer die ganze Nation erfassenden Kollekte aus. Bald nach der Vollendung brannte das Theater nieder, wahrhaft eine nationale Tragödie! Aber wiederum gaben die Tschechen alles was sie hatten, der Neubau wurde noch schöner und entwickelte sich zum kulturellen Ansporn für die gesamte Nation. Im Nationaltheater gastierten viele berühmte Persönlichkeiten, Komponisten wie Bedřich Smetana, Antonín Dvořák, Peter Iljitsch Tschaikowsky und Richard Wagner sowie die berühmte Sängerin Emma Destinová und andere.

Mit dem Rücken zum Theater und Blick auf den Fluss eröffnet sich vor unseren Augen das wundervolle Schaupsiel der Prager Burg und der Karlsbrücke. Die Moldau umschließt verschiedene Inseln, die Schützen-Insel (Střelecký ostrov) gegenüber dem Nationaltheater, auf der die Prager Armee seit 1472 ihre Schießübungen abhielt; und noch dichter am Theater Slovanský ostrov, die sich seit dem 16. Jh. aus den Ablagerungen des Flusses herausbildete. Das Žofin-Gebäude auf der Insel beherbergte Liszt, Berlioz, Tschaikowsky und Kubelik. Der Novoměstská-Wasserturm, 1489 gebaut, steht an der Spitze der Insel, als Gegenpart zur modernen Mánes Galerie, die 1930 Otakar Novotný für die tschechische Künstlerunion schuf.

Die ursprüngliche Dorfkirche des 13. Jh., St. Adalbert (St. Vojtěch), kann man unter den neueren Bauwerken hinter dem Nationaltheater finden. Nach der Gründung der Neustadt wurde das als Gemeindekirche dienende Gotteshaus mehrfach erweitert. Seit 1499 braut man in der berühmten U Fleků-Brauerei, nur wenige Schritte weiter an der Křemencova-Straße, köstliches dunkles Bier. Sie können sich dort einen Platz in den alten Räumen suchen oder bei gutem Wetter im Biergarten das typische Getränk genießen und eine Ruhepause vor dem Besuch des Karlsplatzes (Karlovo náměstí) einlegen.

Der dritte Markt der Neustadt, früher Rindermarkt genannt, ist der Karlsplatz. Er wurde 1348 angelegt und ist Prags größter Platz. Einst stand hier neben anderen Gebäuden die Kapelle Corpus Domini; der Krönungsweg durchquerte den Platz und an Festtagen wurden die

DIE NEUSTADT

Das Neustädter Rathaus.

S. 115: Eine weltberühmte Ansicht (von links): die St. Niklas-Kirche, die Prager Burg, die Karlsbrücke und das Smetana Museum am Novotného lávka.

Kronjuwelen und Reliquien zur Schau gestellt. Im 19. Jh. verwandelte man den Platz in einen Park, eine der grünen Lungen im Zentrum von Prag.

Am Nordende des Platzes steht das Neustädter Rathaus (Novoměstská radnice). Von 1398 bis 1784 diente es als Zentralsitz der Stadtverwaltung. 1398 bis 1418 wurde es im Renaissancestil ausgebaut und erneuert, der Eckturm stammt aus der Mitte des 15. Jh. Die inneren gotischen Säle befinden sich immer noch im Originalzustand. Dies war der Schauplatz des Ersten Prager Fenstersturzes, als die aufgebrachten Hussiten am 30. Juni 1419 die katholischen Ratsherren aus dem Fenster warfen. In der Platzmitte vor dem Rathaus steht ein barocker Brunnen (1698) mit einer Statue des hl. Joseph. Die prächtige Fassade der St. Ignaz-Kirche, die mit Statuen auf einem Portikus dekoriert ist, dominiert am oberen Teil des südlichen Karlsplatzes. Die Kirche schuf 1665-1677 Carlo Lurago, das benachbarte Jesuitenkolleg Martin Reiner. Zu dem ausgedehnten Gebäudekomplex gehören 23 Bauwerke und 13 Gärten, heute befindet sich hier die Universitätsklinik der Karlsuniversität, die auch andere Gebäude am Karlsplatz besitzt.

Wenn man vom Karlsplatz in die Ječná-Straße geht, so kommt man zur St. Stephanskirche, die Karl IV. 1351 als dreischiffige gotische Basilika gründete. Die romanische Rotunde St. Longinus - ursprünglich eine Dorfkirche aus der zweiten Hälfte des 12. Jh. - liegt halb versteckt hinter der Kirche. Die Vorstadt-Villa Amerika ist eine exquisite Architektur inmitten der strengen Krankenhausbauten an

Die romanische Rotunde St. Longinus (12. Jh.) hinter der St. Stephans-Kirche, welche Karl IV. als eine dreischiffige Basilika gründete (1351).

Das Sommerpalais des Michna de Vacínov ist ein Juwel der Baukunst von K.I. Dientzenhofer (1712-1720). Man nennt das heutige Antonín Dvořák-Museum auch Villa Amerika.

der Ke Karlovu-Straße. Die ursprüngliche Villa baute 1712-1720 der große Kilian Ignatz Dientzenhofer für Jan Michna von Vacinov. Heute enthält es das Antonín Dvořák gewidmete Museum. Die Ke Karlovu-Straße endet in einer Gegend namens Karlov, in der Nähe der Kirche St. Karl der Große, welche Karl IV. 1350 gründete. Sie wurde nach dem Vorbild der Grabkapelle Karls des Großen in Aachen gebaut und 1575 von Bonifaz Wohlmut abgeschlossen, als er den oktagonalen Bau mit einem besternten spätgotischen Gewölbe versah. Zusammen mit dem ehemaligen Augustinerkloster beherrscht die Kirche Gärten des 17. Jh., die von dem ehemaligen gotischen Stadtwall der Neustadt bis zu den Befestigungsanlagen von Burg Wyschehrad reichen. Die Resslova-Straße führt von dem Karlsplatz hinunter zur Moldau. Auf halbem Weg liegt die wohlerhaltene St. Wenzel-Kirche am Zderaz, ursprünglich ebenfalls eine Dorfkirche, erstmals 1170 nachweisbar und im 15. Jh. in gotischem Stil erneuert. Die beachtenswerte St. Cyrillus und Methodius-Kirche aus dem Barock liegt auf der anderen Straßenseite und wurde 1730-1736

DIE NEUSTADT

Zu den vielen, in der geschäftigen Stadt verborgenen Kunstschätzen zählt auch die St. Cyrillus- und Methodius-Kirche (Architekt K.I. Dientzenhofer, 1730-1736).

S. 119: Eine Touristenattraktion am Moldaukai ist der Tanzpalast von Frank Gehry und Vlado Milunič (1996), er ist an dem Tänzerpaar Ginger Rogers und Fred Astaire inspiriert.

Wassermühlen und ein Wasserturm für die Neustadt befanden sich einst an der Spitze der Slawen-Insel (Slovanský ostrov). Heute bildet die Mánes-Galerie einen modernen Gegenpol zum Wasserturm.

DIE NEUSTADT

von Kilian Ignatz Dientzenhofer errichtet. 1942 suchten hier die tschechischen Widerstandskämpfer Zuflucht, die den verhassten Mörder und Reichsprotektor der Nazis, Reinhard Heydrich getötet hatten. Nach langem Widerstand wurden sie von den Nazischergen niedergemacht. An einem Fenster der Krypta, das zur Resslova-Straße liegt, befindet sich eine Gedenkplakette. Am Ende der Straße dominiert eine zeitgenössische Touristenattraktion über das Moldauufer, ein Tanzpalast, den Frank Gehry und Vlado Milunić 1996 bauten. Die Form des Gebäudes inspiriert sich an dem tanzenden Paar Ginger Rogers und Fred Astaire; inmitten einer Flut moderner Prager Bauentwicklung ist dies sicherlich das interessanteste Bauwerk. Wir gehen zum Karlsplatz zurück und an dessen Südende, das ursprünglich Obstbäume und Gärten bedeckten: heute ist es von Krankenhausbauten umgeben. Dort fällt ein Renaissance-Palais ins Auge, die Residenz des mysteriösen Alchimisten Edward Kelley aus der Zeit Rudolfs II. Das Palais wurde um 1740 barockisiert. Der Besitzer führte gefährliche alchemistische Experimente aus und seit der Zeit nennt man es das Faust-Haus (Faustův dům). Der Krönungsweg der tschechischen Könige führte hier auf dem Weg nach Wyschehrad vorbei. Weiter die Straße abwärts baute Karl IV. das Slawenkloster (Na Slovanech) für die slawischen Benediktiner (1347). Das Kloster, auch Emauzy genannt, wurde durch ein sinnloses Bombardement der Alliierten am 14. Februar 1945 schwer beschädigt. Ein Großteil

Die Kirche St. Johann auf dem Felsen (Architekt K.I. Dientzenhofer, 1730-1739) ist ein Meisterwerk des tschechischen Barock.

S. 121: Das Kloster der Na Slowanech-Kirche wurde von Karl IV. erbaut (1347-1372). Nach der Bombardierung durch die Alliierten im 2. Weltkrieg erhielt es eine neue Fassade und neue Türme.

DIE NEUSTADT

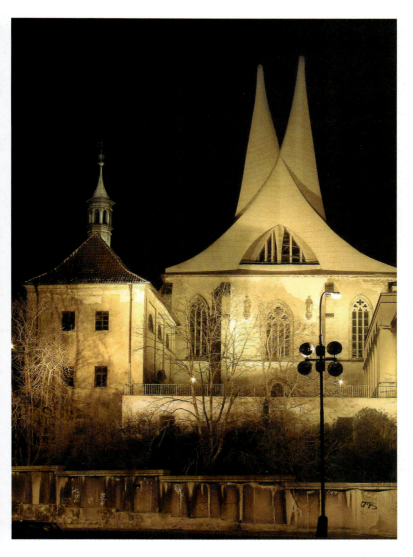

der Kreuzgänge, der mit wertvollen Fresken geschmückt war, erlitt Zerstörungen und musste später renoviert werden. Die Kirche rekonstruierte man mit ungewöhnlichen Türmen, die an ein Segelboot erinnern; heute gehören sie zur Silhouette des Moldauufers.
Gegenüber dem Emauzy-Kloster erhebt sich ein weiteres Barockgebäude, die Kirche St. Johann auf dem Felsen, ein Werk von K.I. Dientzenhofer (1730-1739). Weiter am Ufer der Moldau entlang findet man in der Nähe der technologisch ungewöhnlichen Eisenbahn-

DIE NEUSTADT

Dieses Apartment-Haus an der Neklanova-Straße ist typisch für den tschechischen Kubismus, es liegt zwischen der Straße, die von der Moldau zu Burg Wyschehrad führt und den Eisenbahnschienen.

brücke (Železniční most) das Zollhaus (Na Výtoni), das einzige Bauwerk des ehemaligen Podskalí-Distrikts. Das auf der Moldau von Österreich kommende Salz wurde in diesem gotischen Gebäude verzollt, heute ist es ein Museum für das verschwundene Flussleben der kräftigen Podskaláci, die als Schiffer, Flößer und Fischer arbeiteten. Das Gebäude sitzt tief im Untergrund, was uns eine Vorstellung davon gibt, wie flach die Ufer der Moldau waren, ehe man sie befestigte. Wer an dem tschechischen Kubismus des frühen 20. Jh. interessiert ist, wird verschiedene kubistische Villen am Moldaukai zwischen der Eisenbahnbrücke und Wyschehrad finden. Besonders bemerkenswert ist ein kubistisches Apartment-Haus an der Neklanova, dem Ende einer Straße, die uns zu der zweiten Ansiedlung im Prager Gebiet bringt, der stolzen und mythischen Burg Wyschehrad.

WYSCHEHRAD
Vyšehrad

Die romantische Erhöhung Wyschehrad über der Moldau am südlichen Ende des Prager Tals nahm im 10. Jh. die zweite Ansiedlung in diesem Gebiet auf. Hier entstanden viele Legenden. Wyschehrad hatte bereits eine strategische Rolle als die Prager Ansiedlung noch recht klein war, denn es beschützte die südlichen Handelswege nach Prag und den Zugang zum Fluss. Wyschehrads Ruhm erreichte seinen Höhepunkt unter Wratislaw II., der es als königliche Residenz nutzte und ausbaute. Im 14. Jh. erweitert Kaiser Karl IV. die Burg Wyschehrad und schloss sie in den Krönungsweg der tschechischen Könige ein. Doch nach dem Tod von Wenzel IV. wurde sie während der Hussitenkriege beschädigt und aufgegeben, die Bewohner siedelten sich in den benachbarten Tälern an.

Erst im 17. Jh. nutzte man Wyschehrad wieder wegen seiner strategischen Position, eine barocke Zitadelle wurde nach dem Dreißigjährigen Krieg gebaut, sie sollte bei der Verteidigung Prags eine Schlüsselstellung einnehmen. Von der alten Burg blieben nur eine Kirche, eine Rotunde und ein Kapitelgebäude übrig. Seine Rolle als

Die Rotunde St. Martin (Ende 11. Jh.) ist der älteste Prager Rundbau und der einzige romanische Rest der damals bedeutenden Burg Wyschehrad.

WYSCHEHRAD

Blick von Wyschehrad über die Moldau. Die königliche Burg befand sich in strategischer Lage über dem Fluss und dem südlichen Zuweg zur Stadt.

Das Grab des Komponisten Antonín Dvořák liegt unter den Arkaden des Friedhofs von Wyschehrad.

Die romantischen Felsen von Burg Wyschehrad über der Moldau. Die Festung war im 10. Jh. die zweite Prager Ansiedlung und erreichte ihre größte Bedeutung, als König Wratislaw II. hier lebte.

WYSCHEHRAD

Das Leopold-Tor (Leopoldova brána) ist eine schöne Barockarchitektur (Baumeister Carlo Lurago, 1670), es beschützt die innere Burgmauer von Wyschehrad.

Verteidigungsposten endete im 19. Jh., aber einer alten Tradition folgend wurde Wyschehrad zum nationalen Friedhof Slavín. Prominente tschechische Persönlichkeiten sind hier beigesetzt wie die Komponisten Bedřich Smetana und Antonín Dvořák und der Schriftsteller Karel Čapek.

Die Rotunde St. Martin ist das einzige Überbleibsel mittelalterlicher Architektur auf Burg Wyschehrad. Nur Reste der St. Laurentius-Basilika haben sich erhalten, die neugotische Kirche St. Peter und Paul wurde über der Basilika des 11. Jh. errichtet. Die ursprünglichen Grundmauern des Palastes aus dem 11. Jh. und die Ruinen der Befestigungsanlagen des 14. Jh. über der Moldau findet man auf dem Gebiet um die Kirche.

Die Reste der barocken Zitadelle, die Ziegelmauern, Tore und Kasematten sind die größte Touristenattraktion auf diesem Areal. Es lohnt sich auf den Verteidigungsmauern um Wyschehrad spazieren zu gehen, denn man hat von dieser Bastion über der Moldau einen wundervollen Blick auf ganz Prag und die Prager Burg im Norden.

WYSCHEHRAD

Die Rotunde St. Maria Magdalena (12. Jh.) bei Přední Kopanina in der Nähe des Flughafens Ruzyně ist der vierte romanische Rundbau, der sich in Prag erhalten hat.

Reste barocker Festungsanlagen findet man überall in Prag, das Sand-Tor (Písecká brána, Baumeister G.B. Alliprandi, 17. Jh.) steht in der Nähe des Lustschlosses Belvedere.

ANDERE SEHENSWÜRDIGKEITEN

Verschiedene architektonisch bedeutende Sehenswürdigkeiten findet man außerhalb der Stadtmitte an alten Straßen und an der Stelle früherer Ansiedlungen. Nur teilweise bebaute Gebiete eigneten sich für das Klosterleben und die Adligen fanden außerhalb der Stadt ideale Bedingungen, um Forste, Weinberge und Landsitze anzulegen. Diese befinden sich heute nur noch in geringer Entfernung vom Zentrum.

Das älteste böhmische Kloster liegt in Břevnov. Es gehört dem Benediktinerorden und wurde 993 von St. Adalbert (St. Vojtěch) gegründet. Man erneuerte das Kloster mehrfach und heute ist es vor allem eine Barockanlage. Die Kirche St. Margarete baute Christoph Dientzenhofer anstelle einer kleinen Kirche des 10. Jh. Es lohnt den Klosterkomplex und seine Gärten zu besuchen.

Ziel von Pilgerfahrten sind der Weiße Berg (Bílá Hora) und die Kir-

Das erste tschechische Kloster ist das Benediktinerkloster von Břevnov. Die Aufnahme zeigt den Sitz des Prälaten und die Kirche St. Margarete.

ANDERE SEHENSWÜRDIGKEITEN

Die elegante Barockkirche St. Margarete (Architekt Christof Dientzenhofer, 1708-1714) steht auf den Fundamenten und über der Krypta einer Kirche des 10. Jh.

che der Siegreichen Jungfrau, welche 1714-1729 entstand. Das nahgelegene Wildreservat enthält das Lustschloss Stern (Hvězda), das sich der Erzherzog Ferdinand von Tyrol 1556 über dem Grundriss eines Sternes bauen ließ. Schöne Renaissance-Stukkaturen mit Szenen aus der antiken Mythologie bedecken die Wände des Erdgeschosses.

ANDERE SEHENSWÜRDIGKEITEN

Das Lustschloss Stern (Hvězda, 1555-1556) in einem Jagdreservat wurde nach einer Idee des Erzherzogs Ferdinand von Tyrol in der Form eines sechseckigen Sterns gebaut.

Das Wildgehege war der Ort der unglücklichen Schlacht am Weißen Berge, am 8. November 1620, als die Tschechen ihre Unabhängigkeit an die Habsburger verloren und ihre religiöse Freiheit an die katholische Kirche.

Die Straße hinter dem Strahov-Kloster klettert längs der Reste der barocken Befestigungsanlagen und Gärten zum Petřín, einem der größten Prager Parks. Dort finden Sie eine verkleinerte Nachbildung des Eiffelturms, die als Aussichtsturm dient, ein beliebtes Spiegellabyrinth, die 1130 gebaute St. Laurentius-Kirche und die Haltestelle der Seilbahn. Die Seilbahn verbindet Petřín und die Kleinseite seit 1891. Von der Haltestelle aus kann man in den Maschinenraum blicken, der die Seilbahn seit 1932 antreibt. In der Nähe des Hügels gibt es eine Reihe weiterer Sehenswürdigkeiten, die 300 Jahre alte Holzkirche St. Michael, die aus der karpathischen Ukraine stammt und die Reste der gotischen Befestigungsanlagen aus der Zeit Karls IV., die sog. Hungermauer. Von der Hügelspitze aus genießt man wunderschöne Ausblicke auf die Burg, die Kleinseite und die Innen-

ANDERE SEHENSWÜRDIGKEITEN

stadt. Die blühenden Obstgärten sind im Frühling ein beliebtes Ziel für alle Verliebten.

In der Nähe vom Belvedere findet man eine andere Art von Befestigungen - das barocke Písecká-Tor, das der Architekt G.B. Alliprandi baute. Die mittelalterlichen Stadtmauern aus der Zeit Karls IV. waren überholt, daher entschied man, die Stadt mit neuen Mauern nach moderner französischer Verteidigungstechnik zu umgeben; deren Reste gibt es um die Burg, bei Strahov und bei Wyschehrad.

Der Wallfahrtsort Weißer Berg (Bílá Hora) und die Kirche der Siegreichen Jungfrau entstanden 1714-1729.

ANDERE SEHENSWÜRDIGKEITEN

Der Landsitz Bertramka in Smichov (17. Jh.), heute ein Mozart-Museum, verdankt seine Berühmtheit dem Komponisten, der hier als Gast der Familie Dušek lebte.

S. 132, oben: Die alte Holzkirche St. Michael des 18. Jh. stammt aus den ukrainischen Karpathen und wurde 1929 auf den Petrín-Hügel versetzt.

S. 132, unten: Der Turm und die Bastionen der Hungermauer aus der Zeit von Karl IV. verstärkten im 17. Jh. während des Dreißigjährigen Kriegs die Verteidigungsanlagen der Kleinseite.

ANDERE SEHENSWÜRDIGKEITEN

Das Troja-Palais wurde am Ende des 17. Jh. im Stil einer italienischen Villa gebaut. Das reich dekorierte Innere dient heute für Ausstellungen und Konzerte.

Der heutige Smíchov war einst mit Weinbergen, Bauernhäusern und Landsitzen bebaut, einer davon nannte sich Cibulka, er gehörte dem Fürsten Leopold von Thun-Hohenstein. Das Landgut Bertramka, früher in Händen der Dušek-Familie, hat sich sein ländliches Aussehen zwischen moderneren Bauwerken bewahrt. Seinen Ruhm verdankt es Mozart, der hier 1787 und 1791 lebte und komponierte, wobei er sich in Prag verliebte und Momente persönlichen Glücks und kreativer Erfüllung genießen konnte. Heute ist Bertramka eine Gedenkstätte des berühmten Komponisten und im Garten finden Konzerte statt. Der Friedhof der Kleinseite bei Bertramka mit seinen Grabsteinen aus dem 19. Jh. ist heute ein Naturpark. Prags berühmtester Architekt, K.I. Dientzenhofer baute sich ein Sommerhaus in der Nähe der Moldau; - heute heißt es Portheimka, nach dem Besitzer des 19. Jh., und ist ein Beispiel dafür, wie Smíchov zu Beginn des 18. Jh. aussah. Das Landhaus entstand nicht weit von den Stadtmauern, mit einem ausgedehnten Park und Gärten bis zur Moldau. Prags größten Park, Stomovka, gründete man im 13. Jh. als königlichen Landsitz,- hier fanden Ritterturnire statt. Unter Rudolf II.

wurde er vervollständigt, mittels dem 1000 m langen Rudolf-Tunnel füllte man die Teiche mit Moldauwasser. In der kaiserlichen Mühle (Císařský mlýn) ließ der Monarch seine Edelsteine schleifen und fassen. 1891 fand in Stromovka die Jubiläums-Ausstellung statt, die eindrucksvolle Alte Ausstellungshalle (Staré výstaviště) und der Křižík-Brunnen, nach hundert Jahren erneuert, stehen immer noch. Der Brunnen wird im Sommer angestellt und ist eine der großen Attraktionen von Prag.

Wenn man Stromovka durchquert und die Moldau kreuzt, kommt man nach Troja, wo es nicht nur einen Zoo gibt, sondern auch das prächtige Schloss Troja, das Graf V.V. von Sternberg am Ende des 17. Jh. erbaute. Das Schloss wurde wie eine italienische Villa vom Architekten J.B. Mathey entworfen, mit einzigartigen Skulpturen und Gemälden, sowie dem für Prag ersten französischen Garten, einzigartig für Mitteleuropa. Am entgegengesetzten, südlichen Ende von Prag stößt man auf das frühere Zisterzienserkloster in Zbraslav, das König Wenzel II. im 13. Jh. erbauen ließ. Die barocke Fassade (1709-1724) gestalteten Jan Santini-Aichl und F.M. Kanka. Das Hauptgebäude beherbergt die orientalische Sammlung der National-

Das Troja-Palais ist mit den Terrassen und dem Garten mittels einer barocken Freitreppe verbunden (1685-1703), die man mit allegorischen Skulpturen bestückt hat.

Der Garten des Troja-Palais (um 1700) war der erste französische Garten im tschechischen Land. Hinter dem Palais erstrecken sich Weinberge.

galerie und die benachbarte Kirche enthält Gräber der Premysliden-Fürsten.
Trotz der intensiven Bebauung haben sich in Prag viele Grüngebiete erhalten, auch im Zentrum. Das bewirkte u.a. die von der Moldau durchflossene Gesamtanlage mit Hügeln, auf denen jahrhundertelang Wein angebaut wurde. Der Stadtrand befand sich am oberen

ANDERE SEHENSWÜRDIGKEITEN

oben: Der Eingang zu dem ehemaligen Zisterzienserkloster in Zbraslav. Heute befinden sich hier die orientalischen Kunstsammlungen der Nationalgalerie.

unten: Das Zbraslav-Kloster gründete König Wenzel II. am Ende des 13. Jh., es wurde im Barock umgestaltet. Die Kirche enthält die Grabmäler der Premyslidendynastie.

ANDERE SEHENSWÜRDIGKEITEN

Der Hanavský-Pavillon aus Gusseisen wurde für die Jubiläums-Ausstellung von 1891 gebaut und später zu einem Aussichtspunkt über der Moldau am Ende des Letná-Parkes gebracht.

Ende des heutigen Wenzelsplatzes, Wein- und Obstgärten dehnten sich gleich hinter dem Nationalmuseum aus, nach ihnen ist der Vinohrady-Bezirk benannt. Ein kleiner Rest der Weingärten befindet sich bei der Gröbe-Villa. Vinohrady wurde mit wenigen modernen Gebäuden aus der ersten Hälfte des 20. Jh. bestückt, darunter eine Kirche von Josip Plečnik am Jiřího z Poděbrad-Platz.

Die Obstgärten von Letná sind recht gut erhalten und bilden eine ununterbrochene Grünzone auf den Hügeln über der Moldau von der Burg bis zum Technischen Museum, mit der Möglichkeit für angenehme Spaziergänge und Blicke auf die Stadt. Sie können Ihre Rundgänge in einem anregenden Restaurant im Hanaský-Pavillon beenden, das aus Gusseisen für die Jubiläums-Ausstellung von 1891 errichtet wurde. Von hier aus hat man den besten Blick auf die Moldau mit ihren Brücken.

Sie könnten fortfahren in Prag auf und ab zu wandern, um weitere Sehenswürdigkeiten, historische Monumente und einzigartige Orte zu finden, Schauplätze von Schlachten, Friedhöfe, Gärten, Passagen, alte Skulpturen und moderne Denkmäler, aber wahrscheinlich müssen Sie zurück nach Hause. So werfen Sie einen letzten Blick auf die glitzernde Oberfläche der sich durch Prag windenden Moldau und rufen Sie "Arrivederci, hasta la vista, see you again!"

Blick auf die Moldau und die Stadt.

Die Karlsbrücke in der Abenddämmerung

S. 143: Die wunderschöne Patina der jahrhundertealten Steine.

WICHTIGSTE INFORMATIONEN

ZUR ORIENTIERUNG:
PRAŽSKÁ INFORMAČNÍ SLUŽBA (Informationsbüro der Stadt Prag)
• P-1, Staroměstská radnice M/A Můstek
• P-1, Na příkopě 20 M/A Můstek
• Hauptbahnhofshalle M/C Hlavní nádraží

ČESKÁ CENTRÁLA CESTOVNÍHO RUCHU (Tschechisches Tourismus Center)
P - 1, Staroměstské náměstí 6
Informationen über Sehenswürdigkeiten der Tschechischen Republik M/A Můstek
Eine Empfehlung: Informationen werden von Angestellten der Hotels und der Reisebüros gegeben, aber zögern Sie nicht, auch die Einwohner Prags zu fragen - trotz Sprachschwierigkeiten werden sie Ihnen gerne helfen.

STADTRUNDFAHRTEN UND AUSFLÜGE

Einige Reisebüros organisieren Stadtrundfahrten, auch in der Nacht, und Bootfahrten auf der Moldau sowie Ausflüge zu den interessantesten Orten Tschechiens. Ein gutes Angebot gewährt zum Beispiel:
MARTIN TOUR, P-1, Václavské náměstí - Lucerna passage M/A Můstek
• Kartenverkauf und Treffpunkte: Staroměstské náměstí, náměstí Republiky, Na příkopě, Melantrichova

WICHTIGSTE INFORMATIONEN

ÖFFENTLICHE VERKEHRSMITTEL

Prag hat ein ausgezeichnetes öffentliches Verkehrsnetz, drei U-Bahnlinien werden durch Straßenbahn- und Buslinien vervollständigt. Daher brauchen Sie keine teuren Hotels im Zentrum zu wählen, jeden Ort erreicht man ziemlich schnell.Ein Rat: Kaufen Sie ein Transportabonnement, das der Länge Ihres Aufenthaltes entspricht.Die direkteste Verbindung mit einigen Orten wird mittels der U-Bahn-Haltestellen angegeben (M/A Můstek), mittels der Straßenbahnnummern (T 3/9/14) oder der Busnummern (A 107) - alles weitere kann man zu Fuß schaffen.

TAXI

Ein guter Rat: Für den Taxiruf wenden Sie sich an die Rezeption Ihres Hotels. Nehmen Sie kein Taxi in der Nähe des Touristenstromes. Man kann eine Taxe auch telefonisch bestellen, gute Dienste leistet TAXI AAA,Telefonnummer 14014 (man spricht englisch). Im Jahr 2003 kostet eine Fahrt vom Flughafen zum Zentrum ungefähr 350 - 400 CZK, unabhängig von der Anzahl der Fahrgäste und Gepäckstücke.

NÜTZLICHE TELEFONNUMMERN

Taxi AAA	14014
Internationale Prager Vorwahl	004202
Telefonauskunft	1180
Polizei	158
Krankenwagen	155
Feuerwehr	150

WICHTIGSTE INFORMATIONEN

Der hl. Georg mit dem Drachen, Bronzestaue (1373), Prager Burg, dritter Burghof.

S. 145: Albrecht Dürer, Das Rosenkranzfest, Detail (1506), Sternberg-Palais, Hradschin.

MUSEEN UND GALERIEN

ŽIDOVSKÉ MĚSTO (Jüdisches Viertel), Staré Město - Josefov, M/A Staroměstská
• das ehemalige Getto mit seinen Synagogen und dem Friedhof ist eine Art lebendes Museum
MUSEUM HLAVNÍHO MĚSTA PRAHY (Prager Museum), P-8, Na Poříčí 52, M/BC Florenc
• die Geschichte Prags und ein einzigartiges Modell des alten Prag
BERTRAMKA, P-5, Mozartova 169, M/B Anděl
• Mozart-Museum
UMĚLECKOPRUMYSLOVÉ MUZEUM (Museum für angewandte Kunst), P-1, 17. listopadu 2, M/A Staroměstská
• eine außergewöhnliche Sammlung von teschechischer und zentraleuropäischer Glaskunst und angewandter Kunst
NÁRODNÍ TECHNICKÉ MUZEUM (Technisches Nationalmuseum), P-7, Kostelní 42, M/A Hradčanská + T 1/8/25/26
• eine weitgefasste Sammlung von Fahrzeugen, Uhren, Kameras und anderer Technologie
MUZEUM HRAČEK (Spielzeugmuseum) Prager Burg, M/A Malostranská
MÜLLEROVA VILA, P-6, Nad Hradním vodojemem 14, M/A Hradčanská + T 1/18
• ein futuristisches Meisterwerk des Architekten Adolf Loos

Dies sind die wichtigsten unter den vielen Galerien Prags
NÁRODNÍ GALERIE - EXPOZICE (Ausstellungen der Nationalgalerie):
ŠTERNBERSKÝ PALÁC (Sternberg-Palais), P-1, Hradčanské náměstí 15, M/A Hradčanská
• alte europäische Kunst, Ikonen

WICHTIGSTE INFORMATIONEN

KLÁŠTER SV. JIŘÍ, (St. Georgs-Kloster), Pražský Hrad, M/A Hradčanská
• Tschechische Kunst aus Renaissance und Barock
KLÁŠTER SV. ANEŽKY ČESKÉ (St. Agnes-Kloster), P-1, U Milosrdných 17, M/B Náměstí Republiky
• mittelalterliche tschechische und zentraleuropäische Kunst
VELETRŽNÍ PALÁC, P-7, Dukelských hrdinů 47, M/C Vltavská
• moderne und zeitgenössische Kunst, eine beachtliche Sammlung französischer Kunst
GALERIE HLAVNÍHO MĚSTA PRAHY-EXPOZICE (Galerie der Hauptstadt Prag)
TROJSKÝ ZÁMEK (Troja-Palais), P-7, U Trojského zámku 1, M/C Nádraží Holešovice + A 112
• bemerkenswerte barocke Kunst in Palais und Garten
BÍLKOVA VILA (Villa Bílek), P-6, Mickiewiczova 1, M/A Hradčanská
• ein Meisterwerk des tschechischen Symbolisten Bílek
DUM U ČERNÉ MATKY BOŽÍ (Zur Schwarzen Madonna), P-1, Celetná 34, M/B Náměstí Republiky
• tschechischer Kubismus (1911 - 1919)

WICHTIGSTE INFORMATIONEN

THEATER UND MUSIK

Das Nationaltheater - die geliebte "Goldene Kapelle" - nimmt im Herzen der Tschechen einen wichtigen Platz ein. Viele ausländische Besucher bevorzugen die folgenden Theater:
STÁTNÍ OPERA (Nationale Oper), P-2, Wilsonova 4, M/AC Muzeum
LATERNA MAGIKA, P-1, Národní třída 4, M/A Můstek
TA FANTASTIKA THEATER, P-1, Karlova 8, M/A Staroměstská
ALL COLORS THEATER, P-1, Rytířská 31, M/A Můstek
BLACK LIGHT THEATER, P-1, Pařížská 4, M/A Staroměstská
Konzerte werden in Konzertsälen und Kirchen gegeben und wenn das Wetter gut ist, auch in Prags Gärten - wie in Bertramka. Das bedeutendste Musikfestival nennt sich Prager Frühling (12. Mai bis 3. Juni) mit ausländischen Solisten und Orchestern. Die wichtigsten Schauplätze sind:
RUDOLFINUM - DVOŘÁKOVA SÍŇ (Dvořák-Saal), P-1, Alšovo nábřeží, M/A Staroměstská
OBECNÍ DUM - SMETANOVA SÍŇ (Gemeindehaus, Smetana-Saal), P-1, Náměstí Republiky, M/A Náměstí Republiky
PRAŽSKÝ HRAD - ŠPANĚLSKÝ SÁL (Prager Burg, Spanischer Saal), Pražský Hrad, M/A Hradčanská
KATEDRÁLA SV. VÍTA (St. Veits-Dom), Pražský Hrad, M/A Hradčanská
KOSTEL SV. MIKULÁŠE (St. Niklas-Kirche), P-1, Malostranské náměstí, M/A Malostranská
KOSTEL SV. JAKUBA (St. Jakobs-Kirche), P-1, Malá Štupartská, M/B Náměstí Republiky
KOSTEL SV. ŠIMONA A JUDY(St. Simon und Judas-Kirche), P-1, Dušní ulice, M/A Staroměstská
Eine weitere Prager Attraktion ist die in Výstaviště gelegene Křižík-Fontäne von 1890, eine Synthese aus Licht, Musik und tanzendem Wasser, mit einem Amphitheater, das 6.000 Zuschauer fasst (nur im Sommer geöffnet) M/C Vltavská + T 5/12/17.

THEATER- UND KONZERTKARTEN:
PRAŽSKÁ INFORMAČNÍ SLUŽBA (Informationsbüro der Stadt Prag), P-1, Staroměstská radnice, M/A Můstek
P-1, Na příkopě 20, M/A Můstek
TICKETPRO, P-1, Václavské náměstí - Lucerna Passage, M/A Můstek
P-1, Rytířská 31, M/A Můstek

ANDENKEN UND EINKÄUFE:

Die gesamten touristischen Rundgänge sind mit Verkaufsständen und Geschäften gesäumt, wo man alle erdenklichen Prager Andenken findet. Rings um den Altstädter Ring (Staroměstské náměstí) kann man ein großes Angebot von tschechischem Glas, Porzellan und Modeschmuck begutachten, während Reproduktionen von berühmten Glasobjekten,

Jugendstilschmuck und Kunst in einigen Museen und im Gemeindehaus (Obecní dům) erworben werden können. Antiquitätengeschäfte gibt es überall in Prag, schauen Sie sich um, vielleicht findet etwas Ihr Interesse.
Ein Ratschlag:
• Sehen Sie sich erst Prag an und tätigen Sie dann Ihre Einkäufe, so werden Sie schon besser wissen, wo Sie das gewünschte Objekt finden.
• Die Karlsbrücke ist ein bezaubernder Straßenmarkt, deshalb brauchen Sie nicht woanders hinzueilen. Genießen Sie die Atmosphäre und verzeihen Sie den anderen Touristen, dass sie Ihnen im Weg stehen.
Verschiedene interessante Adressen:
BLUE PRAHA, Celetná 2; Celetná 17; Pařižská 3; Malé náměstí 14; Mostecká 24; Hotel Holiday Inn, Na Pankráci 15; Hotel Marriott, V Celníci 7; Palác Koruna, Václavské náměstí 1; Flughafen, Terminal A; Flughafen, Terminal B
ČESKÉ TRADIČNÍ ŘEMESLO (traditionelles tschechisches Handwerk), Zlatá ulička 16, Mostecká 17, Karlova 26, Melantrichova 17
• volkstümliches tschechisches Kunsthandwerk
MOSER, Na příkopě 12, Malé náměstí 11
• weltberühmtes Qualitätsglas
BOHEMIA KRYSTAL - EGERMANN, Maiselova 15
• Verkaufsladen einer bekannten tschechischen Glasfabrik
ČESKÝ PORCELÁN, Perlová 1
• "Original Zwiebelmuster"- Porzellan und Traditionsprodukte
THUN-KARLOVARSKÝ PORCELÁN, Pařížská 2
• Verkaufsladen einer bekannten tschechischen Porzellanfabrik
DOROTHEUM, Ovocný trh 2
• alte Kunst, Porzellan, Schmuck und vieles andere

Auf der Karlsbrücke können Sie Andenken kaufen, die Baudenkmäler bewundern oder - je nach Wunsch - Jazz oder klassische Musik hören.

WICHTIGSTE INFORMATIONEN

Das luxuriöse Hotel Drei Straußen (U trí pštrosů) befindet sich in einem Haus von 1597 am Ende der Karlsbrücke. 1714 wurde hier das erste Prager Café eröffnet.

HOTELS UND ÜBERNACHTUNG

Nach 1990 hat sich das Prager Hotelwesen weiterentwickelt und verbessert. Dennoch ist es zuweilen schwierig, eine Unterkunft zu finden, besonders an katholischen Feiertagen.
Neue internationale Hotels (Hilton, Radisson, SAS, Marriott, Renaissance, Four Seasons) haben neben den klassischen Prager Hotels (Palace, Paříž, Intercontinental, Ambassador) eröffnet und es gibt jetzt auch eine gewisse Anzahl kleinerer Hotels und Pensionen mit familiärer Atmosphäre (Hoffmeister, Casa Marcello, Villa Vojta).
Es ist außerdem möglich, in günstigeren Hotels und Pensionen längs der U-Bahn- und Straßenbahnlinien zu wohnen, von denen aus man schnell die Innenstadt erreicht. Natürlich gibt es auch private Unterkünfte oder Campingplätze.
Eine Empfehlung: Reservieren Sie Ihre Unterkunft vor der Anreise in einem Reisebüro, das auf Pragreisen spezialisiert ist.
Wenn Sie sich bereits in Prag sind, helfen Ihnen folgende Agenturen:
AMERICAN EXPRESS, Václavské náměstí 56, M/AC Muzeum
ČEDOK, Na příkopě 18 und am Flughafen, M/A Můstek
UNIVERSITAS TOUR, Opletalova 38, M/C Hlavní nádraží

WICHTIGSTE INFORMATIONEN

PRAŽSKÁ INFORMAČNÍ SLUŽBA (Informationsbüro der Stadt Prag)
• Staroměstská radnice, M/A Můstek
• Na příkopě 20, M/A Můstek
• Hauptbahnhofhalle, M/C Hlavní nádraží

FEIERTAGE:

1. Januar, Ostermontag, 1. Mai, 8. Mai, 5.-6. Juli, 28. September, 28. Oktober, 17. November, 24.-26. Dezember (an diesen Tagen sind die öffentlichen Transporte und einige Dienstleistungen eingeschränkt).

Das berühmte Restaurant mit Weinstube Zum Maler (U malířů) liegt in einem historischen Gebäude.

WICHTIGSTE INFORMATIONEN

Das Restaurant Kampa Park auf der Insel Kampa bietet einen einzigartigen Blick auf die Moldau und die Karlsbrücke.

RESTAURANTS UND GASTHÄUSER

Eine Vielzahl von Speisekarten und weitgefächerte Vergnügungsmöglichkeiten werden jeden Pragbesucher zufriedenstellen. Unter den berühmtesten Restaurants der örtlichen Küche erwähnen wir: U malířů, U Zlaté hrušky, U Modré kachničky, U Vladaře, Nebozízek und das Restaurant Plzeňská im Gemeindehaus. Andere wie Bellevue, Parnas, U Zlaté studně und Kampa Park bieten eine wundervolle Aussicht. Das berühmteste Prager Café ist das Slavia, und das Café des Gemeindehauses bietet eine wundervolle Jugenstilausstattung.

Als die beliebtesten Bierlokale und Restaurants in Prag gelten U Fleků, U Kalicha, U Zlatého tygra, Baráčnická rychta, U Švejků, U Medvídků und U Svatého Tomáše. Gutes tschechisches Essen und Bier findet man auch in Restaurants und Gasthäusern außerhalb des Zentrums. Rasche und zufriedenstellende Mahlzeiten bieten überall in Prag die Pizzerias und Schnellimbisse.

Zu den tschechischen Spezialitäten zählen Schweinebraten mit Sauerkraut und Knödeln, Lendenstück mit Knödeln, Rindsgulasch mit Knödeln, Schweinshaxen und gekochtes Schweinefleisch mit Meerrettich, Presskopf, in Essig eingelegte Würstchen mit Zwiebeln, Knoblauch- und Kaldaunensuppe, Apfelstrudel und anderes mehr. Dies sind köstliche

Mahlzeiten, auch wenn die moderne Medizin keine große Meinung von ihnen hat. In jedem Fall muss man jede Mahlzeit mit einem guten Bier bekrönen, dem gesündesten Getränk der Welt!

"GEHEN WIR EIN BIER TRINKEN..." - das werden sie oft in Prag hören. Die Tschechen und Besucher können unter den besten Bieren der Welt wählen, Pilsner Urquell oder Budvar und viele andere Sorten, auf die die Kenner schwören. Die Tradition des Biertrinkens ist hunderte von Jahren alt und zeigt sich im gelassenen und stillen Charakter der Tschechen. Die Art eines Svejk (dem Helden des hier beliebtesten Buches), die in jedem Tschechen steckt, ist das Ergebnis von hunderten von Jahren nationalen Kampfes gegen die Habsburger Unterdrückung, gegen die Besetzung durch die Nazis und gegen vierzig Jahre Kommunismus.

Was soll man sonst sagen, die Tschechen sind gute Leute und Bier ist eine Gottesgabe!

Seit 1499 wird in der Brauerei U Fleků (Bei Flek) ein berühmtes dunkles Bier gebraut und ausgeschenkt.

GESCHICHTLICHER ABRISS

Etwa in der Mitte des 1. Jh. n.Chr. erreichen westliche Slawenvölker das tschechische Territorium

624	Der fränkischer Kaufmann Samo wird der erste Herrscher.
830-906	Großmährisches Reich; die Missionare Konstantin und Methodius verbreiten den christlichen Glauben.
9. Jh.	Es entsteht die Prager Burg, eine Festung auf einem Hügel über der Moldau in der Nähe einer wichtigen Handelsniederlassung am Flussufer, ein Treffpunkt für Tschechen, Deutsche, Juden und Kaufleuten aus ganz Europa.
894	Der erste tschechische Fürst, Bořivoj I. Premyslide, wird von Methodius getauft, dann gründet er die erste christliche Kirche in Levý Hradec, außerdem die Kirche St. Maria in der Prager Burg.
10. Jh.	Die Premysliden vereinigen das Land in einem einzigen Staat mit Prag als Hauptstadt. Die Prager Burg und die Burg Wyschehrad (Vyšehrad) gewinnen an Bedeutung.
920	Wratislaw I. gründet die St. Georgs-Basilika in der Prager Burg.
922-929	Der hl. Wenzel (St. Václav) fördert das Christentum und baut die St. Veits-Rotunde in der Burg.
973	Prag erhält den Rang eines Bistums (der hl. Adalbert wird 982 zum zweiten Bischof ernannt und 987 von preußischen Agenten ermordet). Bei St. Georg in der Prager Burg entsteht ein Benediktinerkloster.
993	Auch in Břevnov wird ein erstes Benediktinerkloster eingerichtet.
1085	Fürst Wratislaw II. wird von Kaiser Heinrich IV. zum König gekrönt und residiert im von ihm wieder aufgebauten Wyschehrad.
1140	Wratislaw II. gründet das Prämonstratenserkloster Strahov.
1169	Die Königin Judith läßt in Prag die erste Steinbrücke bauen.
1198-1306	Nachfahren der Premysliden regieren über das Land.
1198	Der Premyslide Ottokar I. erhält den tschechischen Königstitel als Erbrecht, was 1212 mit der Goldenen Bulle Siziliens bestätigt wird.
1231	Wenzel I. gründet die Altstadt (Staré Město) und das jüdische Getto.
1257	Die Kleinseite (Malá Strana) wird von Premysl Ottokar II. gegründet.
1292	Wenzel II. gründet das Zisterzienser-Kloster Zbraslav.
1310-1437	Das Land wird von den Luxemburger Königen regiert.
1338	Johann von Luxemburg (Jan Lucemburský) verbrieft der Altstadt das Recht sich ein Rathaus zu bauen.

GESCHICHTLICHER ABRISS

1344	Der Prager Bischof wird zum Erzbischof erhoben.
1346-1378	Die Regierungszeit Kaiser Karls IV. bringt für Böhmen und Prag eine starke kulturelle Entwicklung.
1347	Karl IV. gründet das Kloster Na Slovanech für die slawischen Mönche
1348	Karl IV. ruft die Prager Universität ins Leben und realisiert das Projekt der Neustadt (Nové město); unter seiner Herrschaft beginnt man mit dem Bau des St. Veit-Domes und errichtet die Burg Karlstein, - Anfang der Hochgotik.
1357	Karl IV. beginnt den Bau einer neuen Steinbrücke, die die beschädigte Judith-Brücke ersetzt und erweitert und befestigt die Kleinseite (Malá Strana) bis nach Újezd.
1368	Unter Karl IV. wird Böhmen zum größten Staat Zentraleuropas; Prag ist größer als Paris oder London.
1378-1419	Unter der Regierung von Wenzel IV. kommt es zu sozialen Unruhen und dem Reformversuch der katholischen Kirche, der im tschechischen Land in den Hussitenkriegen gipfelt.
1402	Jan Hus predigt in der Bethlehem-Kapelle.
1415	Jan Hus wird während des Konzils von Konstanz auf dem Scheiterhaufen verbrannt.
1419	Erster Prager Fenstersturz; die aufgebrachten Prager werfen die Ratsherren des Neustädter Rathauses aus dem Fenster, die Hussitenkriege beginnen.
1420	Papst Martin V. ruft zum Kreuzzug gegen Böhmen auf, das Kreuzfahrerheer wird von den Hussiten und von den durch Jan Žižka geführten Prager Bürgern besiegt.
1420-1432	Die Hussiten besiegen die Heere aller fünf Kreuzzüge und breiten die Reformideen auch über ihre Grenzen aus.
1444-1471	Der Bürger Georg von Podiebrad erreicht es durch diplomatisches Geschick 1458 zum König gekrönt zu werden, als Souverän erwirbt er sich große Beliebtheit.
1471-1516	Der Wladislaw-Saal (Vladislavský sál) wird in der Prager Burg unter Wladislaw II. erbaut.
1526	Die Krönung von Ferdinand I. leitet die Herrschaft der Habsburger über das tschechische Gebiet ein; sie sollte bis 1918 dauern.
1541	Nach der Feuersbrunst, die die Burg (Hradčany) und die Kleinseite verwüstet, wird Prag im Renaissancestil wieder aufgebaut. Die Aristokratie baut sich prächtige Paläste mit Gärten in der Kleinseite.
1556	Die Gegenreformation und der Katholizismus werden von Ferdinand I. gestützt - er ruft die Jesuiten nach Böhmen und erlaubt ihnen, in Prag das Klementinum - eine katholische Universität - zu gründen.
1575	Maximilian II. billigt in religiösen Fragen eine Einigung zwischen den Lutheranern und den Böhmischen Brüdern.

GESCHICHTLICHER ABRISS

	Die tschechische Konfession wird 1609 von Kaiser Rudolf II. bestätigt
1584-1611	Kaiser Rudolf II. verlegt seinen Hof von Wien nach Prag, mit allen Adligen, Diplomaten, Alchemisten, Astrologen, Künstlern und Hoflieferanten - die rudolfinische Zeit sollte stark auf die Prager Geschichte und das Aussehen der Stadt einwirken.
1618	Die schwerwiegende Repression religiöser Rechte führt zum Zweiten Prager Fenstersturz, die Statthalter Slavata und Martinic werden aus den Fenstern der Burg geworfen, was den Dreißigjährigen Krieg auslöst.
1620	Die tschechischen Stände unterliegen in der Schlacht am Weißen Berge (Bilá Hora).
1621	Siebenundzwanzig Vertreter der tschechischen Stände werden auf dem Altstädter Ring hingerichtet.
1622	Die Güter und der Besitz der Rebellen werden konfisziert und an Parteigänger von Kaiser Ferdinand II. verkauft, unter ihnen Albrecht von Wallenstein.
1627	Die zwangweise Wiedereinführung des Katholizismus bringt 320 Adelsfamilien und 30.000 Bürger und Bauern dazu, das tschechische Land zu verlassen, einschließlich dem Bischof der Böhmischen Brüder Jan Ámos Komenský (Comenius).
1648	Der Westfälische Frieden beendet den schrecklichen Dreißigjährigen Krieg, der verheerend auf die Wirtschaft und Kultur Mitteleuropas einwirkte (die Bevölkerung des tschechischen Landes verringerte sich um mehr als die Hälfte); die Habsburger verlieren ihre Vorherrschaft.
18. Jh.	Zu Beginn dieses Jahrhunderts erreicht die Gegenreformation ihren Höhepunkt, der Prager Barock hat seine Blütezeit. Neue wissenschaftliche Entdeckungen, Kritik an sozialen Zuständen und eine neue Denkweise bringen die "aufgeklärten Monarchen" dazu, die Macht und das Besitztum der Kirche zu begrenzen und Wirtschaft, Industrie und Erziehungswesen zu fördern.
1773	Der Papst hebt den Jesuitenorden auf.
1781	Kaiser Joseph II. schafft die Leibeigenschaft ab und erläßt das Toleranzpatent, neben dem katholischen Glauben sind auch andere Glaubensrichtungen zugelassen.
1848	Die französische Revolution versetzt zu Beginn des 19. Jh. die europäischen Monarchien in Aufruhr. Es kommt zu einer erfolglosen Erhebung gegen die Habsburger, danach lastet der Absolutismus noch schwerer auf den Tschechen.
1861	Der rückständigen österreichischen Monarchie wird die Februar-Verfassung abgetrotzt, welche den Beginn einer konstitutionellen Monarchie in Österreich einleitet und die politische Position der Tschechen stärkt.

GESCHICHTLICHER ABRISS

1866	Der gegen Preußen verlorene Krieg schwächt die österreichische Monarchie und kräftigt die sozialen und nationalen Bewegungen in den sich herausbildenden Nationen.
1882	Die Prager Universität wird in tschechische und deutsche Abteilungen getrennt.
1918	Nach dem Ersten Weltkrieg entsteht neben anderen neuen europäischen Staaten auch die Tschechoslowakei, die bald ein hoch entwickeltes, demokratisches Land wird.
1938	Das Münchner Abkommen erlaubt es Nazi-Deutschland, in der Tschechoslowakei allmählich die Macht zu ergreifen, 1939 entsteht das Protektorat Böhmen und Mähren, Hitler erreicht den Zugang zur tschechischen Waffenindustrie und Wirtschaft.
1940-1945	Die Tschechen leisten zu Hause und im Ausland gegen Nazi-Deutschland Widerstand. Tschechische Soldaten kämpfen in Polen, Frankreich, England und der Sowjetunion.
1942	Die Ermordung des deutschen Reichprotektors Reinhard Heydrich endet mit Erschießungen und der fürchterlichen Zerstörung der Orte Lidice et Ležáky.
1945	Der Krieg endet in Prag mit dem Maiaufstand, nach der Befreiung wird eine neue demokratische Tschechoslowakei gegründet.
1948	Die Demokratie endet bald mit dem Februar-Putsch und der Einrichtung einer Diktatur, hunderte von Patrioten werden ermordet, tausende arbeiten in Uraniumminen und Arbeitslagern oder müssen emigrieren.
1968	Im August beendet die Besatzung durch sowjetische Truppen den Prager Frühling, den Versuch, einen "Kommunismus mit menschlichem Antlitz" zu schaffen; in den Prager Straßen wird erneut gegen Besatzer gekämpft.
1989	Die Versuche die kommunistische Diktatur auszumerzen eskalieren, nach den Demonstrationen des 17. Novembers treten die Kommunisten zurück. Unter der Führung von Václav Havel entsteht wieder eine demokratische Tschechoslowakei.
1993	Der Wunsch der Slowaken nach einem eigenen Staat beendet am 31. Dezember 1992 die Existenz der Tschechoslowakei, am 1. Januar 1993 entsteht die unabhängige Tschechische Republik.

Anmerkung: Die tschechische Republik ist NATO-Mitglied und wird in die Europäische Union eintreten. Diese Anstrengungen entsprechen dem 550 Jahre alten Wunsch des tschechischen Königs Georg von Podiebrad nach einem vereinigten Europa.

STADTPLAN

▬▬	Hauptrundgang	🛈	Information
Ⓜ	U-Bahn-Haltestellen	🅿🅿	Parkplatz, unterirdischer Parkplatz
✳	Polizei		
🚢	Touristenboote	▲	Campingplatz
☎	Postamt	✚✚	Krankenhaus, Gesundheitszentrum, Erste Hilfe
H	Hotel	—17—21—	Straßenbahnlinie mit Haltestellen

1. Strahov-Kloster und Pohořelec
2. Loreto und Černín-Palais
3. Prager Burg, St. Veits-Dom und Goldenes Gässchen
4. Köngliche Gärten und Belvedere
5. Kleinseitner Ring (Malostranské náměstí) und St. Niklas-Kirche
6. Das Prager Jesulein und Vrtbovská-Garten
7. Wallenstein-Palais und Gärten der Kleinseite
8. Petřín-Aussichtsturm and Maize
9. Karlsbrücke (Karlův most) and Brückentürme
10. Klementinum and Křižovnické-Platz
11. Altststädter Ring (Staroměstské náměstí) und Altstädter Rathaus
12. Tein (Týnský)-Kirche und Ungelt
13. Alt-Neu-Synagoge and Jüdischer Friedhof
14. St. Agnes-Kloster – Nationalgalerie
15. Pulvertor und Gemeindehaus (Obecní dům))
16. Karolinum und Ständetheater
17. Maria-Schnee-Kirche und Františkánská-Garten
18. Bethlehem-Kapelle und St. Ägidius-Kirche
19. Nationaltheater und Slavia-Café
20. Karlsplatz (Karlovo náměstí) und Neustädter Rathaus
21. Emauzy – Slawenkloster
22. Wyschehrad (Vyšehrad), Slavín und barocke Befestigungsanlagen
23. Wenzelsplatz (Václavské náměstí) und Nationalmuseum
24. Hauptbahnhof (Hlavní nádraží) – Jugendstilbauwerk
25. Technisches Nationalmuseum and Letná-Garten
26. Bertramka – W.A. Mozart-Gedenkstätte

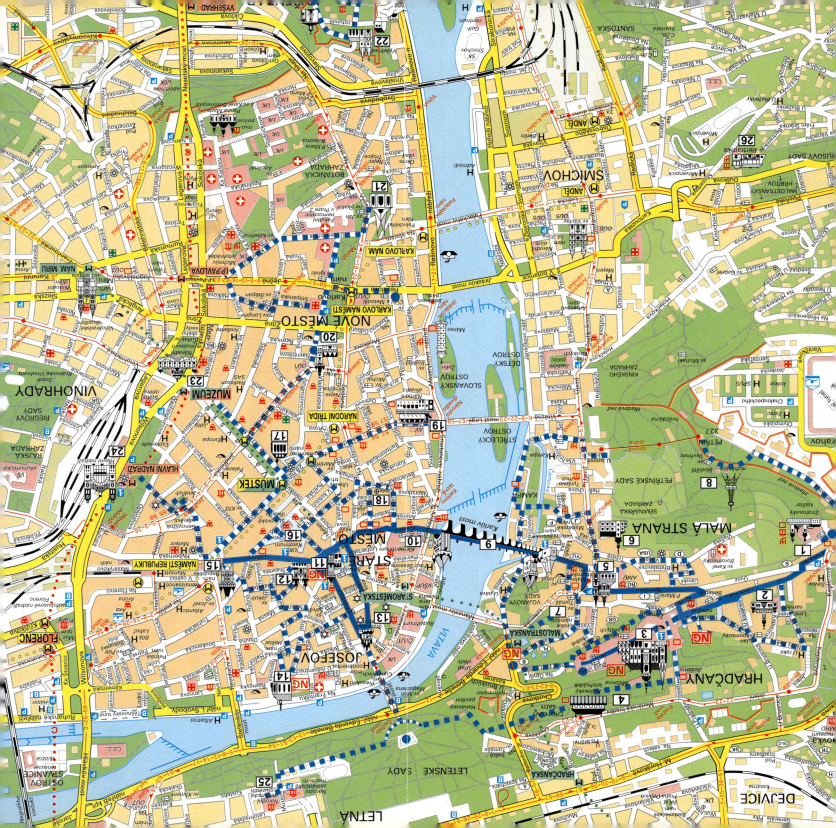

Printed in Italy